I0762581

BELLA ITALIA

BELLA ITALIA

UN VIAJE A TRAVÉS DE LA CULTURA, LOS PAISAJES, EL ARTE Y LA GASTRONOMÍA

CONTENIDOS

PRADA
PRADA
PRADA

BAR PASTICCERIA
Specialità
MANDORLATO

BIENVENIDO A ITALIA

Italia ha cautivado al mundo entero. Cada año, casi 60 millones de personas la visitan para disfrutar de su excepcional encanto. Este país, cuya historia se remonta más allá de los antiguos romanos, reúne más lugares declarados Patrimonio de la Humanidad por la Unesco que ningún otro. Sus museos y palacios contienen obras maestras del Renacimiento que cambiaron el curso del arte occidental. Alberga más de 1500 lagos resplandecientes, tres impresionantes cadenas montañosas y varios volcanes. Y todo esto sin mencionar su cocina, que ha llegado a todos los rincones del planeta.

La realidad es que todo lo italiano enamora. La moda italiana, la gastronomía italiana, los coches italianos y, cómo no, el cine italiano. Con solo mencionar el nombre de este país acuden a la mente imágenes de increíble belleza: colinas toscanas salpicadas de olivares, góndolas deslizándose por los canales venecianos y humeantes porciones de *pizza* servidas en una *trattoria.* Este romance con Italia no es algo nuevo, por supuesto: sus paisajes y ricas tradiciones han atraído a los viajeros desde la época del *Grand Tour.*

El objetivo de *Bella Italia* es rendir homenaje a este coloso cultural, condensando en seis capítulos temáticos los numerosos atractivos del país, incluidos desde monumentos antiguos hasta cocina y moda. ¿Te gustaría saber cómo fueron los últimos años de Caravaggio, cómo inventaron los italianos las vacaciones en la playa tal y como se conocen hoy o cómo interpretar un menú italiano? Estas páginas lo revelan todo. Y seguro que al terminar la lectura de este libro estarás deseando organizar tu próxima aventura por Italia.

HISTORIA Y LEGADO

Desde la arquitectura de la antigua Roma hasta el arte del Renacimiento, la herencia cultural de este país ha configurado el mundo como se conoce hoy en día. De entrada, hay que agradecer a los romanos la calefacción por suelo radiante y el calendario actual, y a Galileo, el nacimiento de la astronomía y la física modernas. En los campos del arte, de la arquitectura y de la ciencia, Italia posee un legado inigualable que aún sigue vivo. Las técnicas renacentistas influyen a los pintores contemporáneos, las ruinas romanas inspiran a los arquitectos actuales, y los mitos y leyendas del país impactan en las historias modernas. Este rico patrimonio, nacido de mentes creativas e inspiradas, estableció las bases para los siglos posteriores. De modo que, para conocer realmente Italia, no hay mejor punto de partida que su pasado.

EN EL MAPA

CIUDADES ICÓNICAS

Tras la caída del Imperio romano, la península itálica se transformó en un mosaico de ciudades-Estado. Florencia fue la cuna del Renacimiento, Génova y Venecia dominaron los mares, Bolonia fundó la universidad más antigua de Europa, Nápoles se convirtió en centro del Barroco y Roma se afianzó como sede de la Iglesia católica. Con la unificación en 1871, Italia resurgió como un país con profundas divisiones. Para muchos —incluidos los italianos— esto es lo que hace que las ciudades italianas sean tan especiales.

Turín

Ciudad crucial en la unificación italiana y primera capital del país, Turín es famosa por su regia arquitectura, su legado industrial (en ella se fundó FIAT) y su deliciosa cocina, que mira más a París que a Roma.

Milán

Aunque desempeñó un papel destacado en el Renacimiento —Leonardo da Vinci pintó aquí *La Última Cena*—, Milán es conocida sobre todo por ser el motor industrial de Italia. Alberga la Bolsa, la industria de la moda y muchas de las principales compañías multinacionales.

Florencia

Aquí nació y se desarrolló el Renacimiento. A pesar del creciente (y desenfrenado) turismo, la ciudad conserva su increíble belleza, y gracias a una serie de prestigiosas universidades, instituciones y empresas manufactureras no ha quedado reducida a un parque temático.

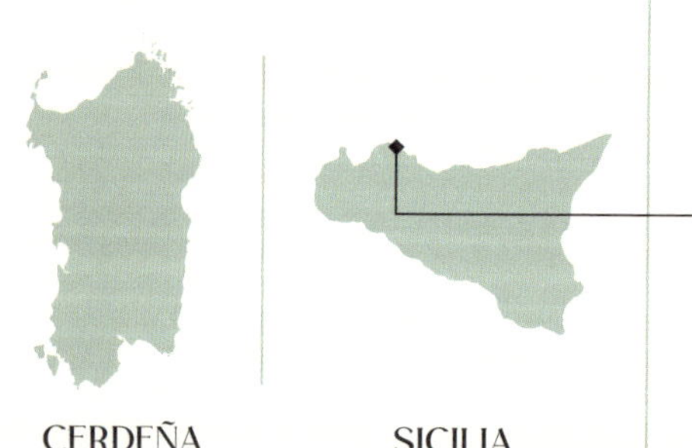

Palermo

La hermosa y conflictiva capital siciliana presenta una combinación de influencias árabes, normandas y españolas tan fascinante que no es fácil adivinar de dónde y cómo llegó cada elemento. El resultado es una ciudad que desafía la percepción de lo que es y fue Europa. No existe ningún lugar parecido.

Venecia

La Serenísima República de Venecia dominó el Adriático y buena parte del Egeo durante más de 1000 años, convirtiendo su laguna en una potencia mundial. Quizá el apogeo de esta supremacía fue la propia Venecia, posiblemente la ciudad más bella jamás construida.

Bolonia

A la capital de Emilia-Romaña se la conoce como *la dotta* (la docta) por su universidad, la más antigua de Europa; *la rossa* (la roja) por el color de sus edificios y sus inclinaciones políticas; y *la grassa* (la gorda) por su cocina abundante en pastas, embutidos y quesos.

Nápoles

La tercera ciudad más grande de Italia, famosa por su arquitectura barroca y la imponente presencia del Vesubio, es un lugar estimulante, que es mejor sentir que comprender. Todo el mundo tiene una opinión sobre Nápoles, pero la de Goethe tal vez sea la más sucinta: «Ver Nápoles y después morir».

Roma

Por la Ciudad Eterna han pasado y dejado huella desde los romanos hasta los fascistas. Hermosa, rica y con frecuencia caótica, la capital de Italia es también una representación del país en su forma más esencial.

YACIMIENTOS ARQUEOLÓGICOS

Descubriendo la historia de uno de los mayores imperios del mundo

Aunque hayan transcurrido algo más de 1500 años desde su caída, el Imperio romano sigue presente en el mundo moderno. No hay que olvidar que esta colosal civilización desarrolló desde la actual forma de gobierno hasta una de las gastronomías más apreciadas. El impresionante legado de la antigua Roma pervive en el país: sus imponentes templos y ruinas hablan de épocas pasadas y relatan una historia protagonizada por magníficos arquitectos, emperadores ambiciosos y ciudadanos poderosos.

Antes de los romanos

Roma no se construyó en un día, pero lo que tal vez se olvida es que los romanos no levantaron su imperio de la nada. Antes de los primeros gobernantes de Roma llegaron los griegos, que dejaron un legado cultural en la región.

Un recorrido por el sur del país permite descubrir ruinas griegas anteriores a Roma. Para los griegos, expandirse hacia el oeste y levantar templos a los dioses era un antiguo rito iniciático; cada nuevo territorio significaba acercarse un poco más a la creación de la Magna Grecia. Al sur de Nápoles, en el yacimiento arqueológico de Paestum, se encuentra el que podría considerarse el mayor tesoro griego. Aquí se alzan tres de los templos griegos mejor conservados del mundo, dos dedicados a Hera y uno a Ceres. Sus colosales columnas dóricas y las intrincadas tallas decorativas son testimonio vivo de la fe griega: los templos se proyectaban como espacios rituales para realizar ofrendas a los dioses.

Tras siglos de paz, los griegos fueron derrotados rápidamente por los romanos, que conquistaron Paestum en el año 273 a. C. Los romanos

Roma non fu fatta in un giorno

Roma no se construyó en un día

Los expertos creen que la primera referencia a esta conocida frase —que significa que para conseguir un objetivo o la excelencia se requiere trabajo duro, esfuerzo y tiempo— data del siglo XII. En 1563, la reina Isabel I Isabel I de Inglaterra pronunció esta frase en un discurso y todavía se sigue utilizando.

transformaron el lugar en una bulliciosa ciudad que prosperaría durante 1000 años, antes de que una plaga acabara con ella. Conservaron diversos elementos de la Grecia helenística, como las estatuas de piedra, los espacios públicos abiertos y las robustas columnas. Lo que queda hoy —un foro romano, un anfiteatro, una piscina, una gran villa y una iglesia paleocristiana— permite imaginar cómo era la vida en los centros urbanos de Roma.

La caída de una ciudad

Existen pocos yacimientos tan evocadores como el de la ciudad de Pompeya, en el sur de Italia. Preservadas bajo las cenizas volcánicas del Vesubio, sus ruinas y las de las cercanas Herculano y Stabiae ofrecen una vívida instantánea de Roma en su apogeo.

Antes de la erupción del año 79 d. C., Pompeya, situada al sur de Nápoles, en Campania, era una ciudad próspera con unos 20 000 habitantes. Se trataba de un lugar entregado al sibaritismo, la opulencia y el libertinaje, el culmen de la buena vida en la Antigüedad. En los meses estivales, los romanos adinerados acudían para desahogarse: los burdeles de la ciudad y sus murales eróticos no hablan de fe, sino de sensualidad y placer. Ubicada en una zona con suelos volcánicos en los que crecían uvas, aceitunas y muchos otros cultivos, Pompeya se enriqueció más y más. Pero la fuente de su prosperidad sería también la causa de su desaparición. La ciudad se asentaba en la base de lo que los ciudadanos consideraban una montaña, aunque poco sabían de la furia que guardaba en su interior.

La devastadora erupción volcánica duró dos días. La lluvia de ceniza y piedra pómez de la fase inicial permitió huir a la mayoría de los habitantes, pero en las 24 horas finales quedó poca esperanza para los que buscaron refugio en las casas. La última ola de material piroclástico y gases acabó con ellos al instante. Unas 2000 personas murieron en Pompeya, que —junto a Herculano, Stabiae y Torre Annunziata— permaneció enterrada bajo las cenizas durante siglos.

Estructuras épicas

Sin las cenizas del Vesubio, habría sido imposible contemplar algunos detalles fugaces de la vida romana —cuerpos aferrados a objetos domésticos, brazos rodeando a seres queridos—. Sin embargo, no fueron necesarias cenizas para preservar los símbolos eternos de la antigua Roma. Como el Coliseo, construido para soportar los estragos del tiempo, que por muchas veces que haya aparecido en pantalla sigue impresionando a la multitud de

INSPIRADO EN ITALIA

Roma y Napoleón

Aunque jamás pisó Roma, Napoleón (1769-1821) estaba fascinado por el Imperio e idolatraba a los grandes emperadores romanos. Los elementos de la arquitectura clásica romana como columnas, cúpulas y arcos formaron parte de sus planes para la remodelación de París.

◆◆◆

Página 15 El Vesubio alzándose tras las ruinas de Pompeya
Arriba izquierda Mosaico de la Casa de Neptuno en Herculano
Arriba derecha El Coliseo, el anfiteatro más grande de Roma

viajeros que lo visita. Situado al este del Foro Romano, en la capital de Italia, el Coliseo fue la mayor demostración de poder del emperador Vespasiano, que ordenó su construcción en el año 72 d. C. Tras los turbulentos gobiernos de Nerón y Calígula —cuyos desmesurados egos y sed de sangre amenazaron la estabilidad del Imperio—, el monumental regalo de Vespasiano al pueblo fue considerado un gesto de renovación y estabilidad. El programa de construcción desarrollado por la dinastía Flavia trató de restaurar una ciudad asolada por el despotismo político, el fuego y la guerra civil.

Finalizado en el año 80 d. C. por el hijo de Vespasiano, Tito, el Coliseo era el mayor anfiteatro del mundo y estaba diseñado para deslumbrar a las masas con *panem et circenses* (pan y circo). En él se celebraban combates de gladiadores y luchas de fieras ante unos 80 000 espectadores en las gradas. Estos espectáculos continuaron durante casi cuatro siglos, hasta que el emperador Honorio los prohibió en el año 404 d. C. Según los historiadores, Honorio quedó consternado por la muerte violenta del monje Telémaco, que intentó detener el absurdo derramamiento de sangre en una de estas peleas, y decidió cerrar todas las escuelas de gladiadores. Finalmente, los terremotos y la caída de Roma dejaron el Coliseo parcialmente en ruinas.

Mientras el Coliseo estaba dedicado al espectáculo, el Panteón, otra estructura monumental, se construyó para la veneración y la reflexión. Su nombre significa «todos los dioses» en griego (lengua preferida por la élite instruida de Roma) y fue originalmente un templo dedicado a los dioses

◆◆◆◆◆◆◆◆◆◆◆◆◆◆◆◆◆◆◆◆◆◆◆◆

LAS VILLAS DE PLINIO

Las cartas de Plinio el Joven aportan información sobre el diseño de las villas romanas. Los arquitectos priorizaban el orden y la regularidad y empleaban un vestíbulo y un atrio (patio central) que conducía al *oecus* (salón principal).

◆◆◆◆◆◆◆◆◆◆◆◆◆◆◆◆◆◆◆◆◆◆◆◆

romanos. Los rituales y ceremonias que se realizaban tras sus puertas de bronce con 2000 años de antigüedad siguen siendo un misterio, y existen multitud de teorías respecto a los numerosos fines del edificio a lo largo de su historia. El Panteón es una de las construcciones romanas mejor conservadas, en gran parte porque ha permanecido siempre en uso. En el año 609 d. C., el papa Bonifacio IV convirtió el Panteón en una iglesia católica, la Basilica di Santa Maria ad Martyres, y gracias a ello se ha conservado hasta hoy (excepto parte de la cubierta de bronce original). Tras su conversión, sirvió como último lugar de descanso de personajes ilustres, entre ellos el pintor renacentista Rafael y el rey Víctor Manuel II, el primer monarca de la Italia unificada.

Grandes villas

Puede que los antiguos romanos fueran un pueblo devoto, pero su arquitectura religiosa competía con su gusto por el lujo. Por toda Italia se encuentran villas que muestran los refinados gustos de los nobles que las mandaron construir. La Villa dei Quintili, en la Via Appia Antica (la calzada más antigua que se conserva), fue la villa y complejo termal más grande de Roma en la época. Sirvió de residencia a los hermanos Sesto Quintilio Condiano y Sesto Quintilio Valerio Massimo hasta que fueron ejecutados por el emperador Cómodo en 182-183 d. C. Como digno final romano, el emperador se apoderó de la villa y vivió en ella hasta su muerte, lo que refuerza la idea de que asesinó a los hermanos simplemente para arrebatarles la propiedad. Durante las excavaciones se pensó que se trataba de una localidad, debido a su enorme tamaño.

También está la Villa de Adriano, un magnífico complejo con 30 edificios en Tívoli, a escasa distancia de Roma. El emperador, que había viajado mucho, bautizó las distintas zonas como algunos de los lugares en los que había estado, como el Canopus, que recuerda a la antigua ciudad egipcia de Canopo. El conjunto incluye baños, bibliotecas y dos teatros. ¿Gusto por la opulencia? Una cosa más que Italia debe a sus antepasados.

◆◆◆

Abajo La cúpula del Panteón de Roma con su óculo central

CONVERSACIÓN CON

DARIUS ARYA

Sobre las infinitas maravillas de la arqueología italiana

Darius Arya es un arqueólogo, historiador, autor y presentador de televisión establecido en Roma. Ha realizado excavaciones en todo el mundo, pero su principal campo de interés ha sido siempre el Imperio romano. Puede que todo el mundo haya pensado alguna vez en los romanos, pero poca gente ha dedicado su vida a descubrir sus secretos, como ha hecho él. Arya ha dirigido o codirigido excavaciones en el Foro Romano y la Villa delle Vignacce del parque de los Acueductos, además de varios proyectos en Ostia Antica, la misteriosa ciudad portuaria de Roma.

«En cuanto leí el primer libro sobre mitología griega, me quedé enganchado a las historias de dioses, héroes y monstruos», cuenta. «La arqueología nos permite aprender más sobre nuestro pasado colectivo, nuestros éxitos y nuestros fracasos». ¿Qué es lo que más le atrae de la arqueología romana? «La arqueología en Italia es única por dos razones. La primera es la erupción del Vesubio, que conservó varias ciudades —Pompeya, Herculano y Stabiae— a un nivel desconocido en el resto del mundo». Gracias a las cenizas de este volcán, los arqueólogos han podido descubrir desde los elementos más grandiosos hasta los más banales de la vida romana: «Calzadas, monumentos públicos, grafitis, frescos, techos de madera y objetos de la vida cotidiana, además de obras de arte y tuberías de plomo, que son realmente impresionantes y han proporcionado más datos que muchos yacimientos». Arya se muestra tan entusiasmado por las cosas pequeñas —«hogazas de pan carbonizadas, semillas, vino»— como por las imponentes estructuras. Después de todo, es en los detalles del día a día donde se encuentran los vestigios de la vida antigua.

¿Y la otra razón de su amor por Roma? «Como capital de un imperio en expansión, Roma tiene más de todo que cualquier otra ciudad. Actualmente, Roma es un gigantesco museo con increíbles yacimientos, monumentos y colecciones de arte. Además, Italia era la provincia más rica del Imperio, por lo que el propio país alberga más yacimientos y arte que cualquier otra región gobernada por Roma». Parte del trabajo de los arqueólogos es conservar estos restos, llevando a cabo cuidadosos procedimientos que aseguren su supervivencia durante las próximas décadas. Pero lo mejor para los arqueólogos apasionados como Arya es la cantidad de tesoros romanos que quedan por descubrir. «Las excavaciones son infinitas», asegura. «Siempre habrá nuevos yacimientos y nuevas sorpresas que encontrar».

◆◆◆

En el sentido de las agujas del reloj Templo de Paestum; el Panteón; ánforas de Pompeya; el Coliseo

ARTE ANTIGUO

La cultura visual de la Antigüedad

Durante miles de años, los artistas italianos han sido pioneros en la manera de representar el mundo. En la antigua Roma, las artes decorativas embellecían cualquier espacio, desde templos hasta aseos. Los romanos consiguieron maravillas con la piedra y el yeso y crearon luminosas representaciones no solo de gobernantes y dioses, sino también de aspectos de la vida cotidiana, el amor, la sexualidad y la comida. Sus descendientes medievales heredaron este rico legado y lo imbuyeron de fe cristiana.

Imágenes antiguas

La destreza artística de Italia se remonta a la Antigüedad, cuando los romanos trataron no solo de emular el arte helenístico de sus predecesores griegos, sino también de superarlo. El arte público romano consistía principalmente en esculturas talladas con gran precisión de poderosos gobernantes, cuyos bustos de piedra miraban severamente desde edificios públicos y privados.

Una de las razones por las que se sabe tanto de la antigua Roma es por su cultura claramente visual, en la que el arte servía para anunciar, comunicar, cuestionar e inspirar. Un paseo por Pompeya proporciona muchos detalles de la vida cotidiana de sus habitantes: las coloridas pinturas que decoran la Villa de los Misterios representan rituales dionisiacos y cultos; los atrevidos frescos encontrados en un burdel anuncian los servicios, mientras que los frescos del exterior de las panaderías representan los productos favoritos en la época.

Los interiores romanos solían pintarse y estucarse de forma lujosa. En las paredes se representaban relatos mitológicos y paisajes bucólicos. Muchas de estas composiciones están dedicadas a mitos griegos, como el sacrificio de Ifigenia, hija de Agamenón, que es ofrecida en sacrificio para apaciguar a los dioses. Conocer la cultura griega se consideraba el culmen de la sofisticación, y por ello las villas más ricas mostraban con orgullo este tipo de escenas.

El método empleado por los antiguos estucadores garantizaba que las pinturas tuvieran un colorido muy vivo, e increíblemente muchas han conservado su brillo hasta hoy, como si el artista acabara de retirar el pincel de

PIZZA POMPEYANA

Durante las excavaciones realizadas en Pompeya en 2023, se descubrió un fresco en el que aparece algo muy similar a la *pizza* moderna. Se cree que la pintura representa una serie de platos que datan de la antigua Grecia.

la superficie. Primero aplicaban sobre el muro una fina capa de yeso y cal, una mezcla conocida como *intonaco*, y luego pintaban sobre el revoco húmedo. De este modo los pigmentos se mezclaban con el *intonaco* y, una vez seca, la pintura quedaba integrada en la pared. Estas obras, muchas de las cuales se han conservado, son como ventanas a un pasado lejano y revelan las preocupaciones y deseos de los antiguos romanos mejor que cualquier adaptación de Hollywood.

Maravillas medievales

Con la caída del Imperio romano y el ascenso del cristianismo, el arte desplazó su atención hacia la Biblia y la pintura se centró en personajes religiosos. En el siglo XI, los artistas italianos desarrollaron un nuevo tipo de obra sacra, el retablo. Estas estructuras de madera se convirtieron en el lienzo de algunas de las mejores obras de la época, como *La Natividad con los profetas Isaías y Ezequiel*, de Duccio di Buoninsegna, pintada sobre un único panel de álamo. La pieza permaneció expuesta 450 años en la catedral de Siena, y Duccio di Buoninsegna fue considerado el padre de la Escuela Sienesa de pintura religiosa, un movimiento caracterizado por sus colores intensos y composiciones oníricas. Los pintores de retablos buscaron inspiración en el Oriente cristiano, y adaptaron técnicas y estilos de la iconografía bizantina.

Sin embargo, la pintura al fresco no cayó en el olvido. A finales del siglo XIII, los pintores más célebres de Italia, incluidos Cimabue y Giotto, decoraron la basílica de San Francisco de Asís con magníficos frescos. Entre ellos se incluye el emblemático ciclo sobre la vida de san Francisco, realizado por Giotto, que se ha convertido en centro de peregrinaje. Giotto trabajó también en la capilla Scrovegni de Padua, donde representó escenas de la vida de Cristo y de la Virgen María. Sus vivos colores y su imaginería surrealista anunciaron la transición del arte bizantino al renacentista.

◆◆◆

Abajo izquierda
Fresco en la Casa degli Amini Dorati, Pompeya
Abajo derecha
Retablo sienés de Girolamo di Benvenuto

MITOLOGÍA ITALIANA

Las leyendas y tradiciones que moldearon Italia

Los italianos son narradores natos y han sabido entretejer historias transmitidas de generación en generación desde los inicios de Roma. Dos bebés gemelos criados por una loba, cíclopes ocultos bajo montañas y una bruja que trae regalos a los niños la víspera de la Epifanía; estos épicos relatos de dioses y diosas, de héroes y bestias siguen estimulando hoy en día la imaginación.

Todos los caminos conducen a Roma

Cuando se habla de la historia de Italia, no hay relato que supere la mítica fundación de Roma. Aunque haya quienes afirmen que todo comenzó con una épica pelea entre hermanos, Roma no sería Roma sin la caída de Troya, según cuenta Virgilio en la *Eneida,* cuyos 12 volúmenes relatan un viaje que conduciría al nacimiento de la ciudad. Tras la derrota de Troya, en Asia Menor, el héroe Eneas huyó de la población en llamas y se dirigió a la península itálica. Siglos después, sus descendientes —dos bebés— fueron abandonados en el río Tíber. Encontrados por una loba que los amamantó, los gemelos Rómulo y Remo crecieron en las colinas circundantes y fundaron una ciudad en el fértil valle. Pero surgió la rivalidad entre ellos y Rómulo se alzó como primer rey de Roma tras matar a Remo durante una disputa fronteriza. La obra de Virgilio, encargada a finales del siglo I a. C., pretendía asociar el destino imperial de Roma a una profecía divina. En la actualidad, los relatos de este autor, considerado el principal cronista de Roma, siguen contándose en todo el mundo.

Gracias a los etruscos...

Muchos de los mejores relatos de Italia hay que agradecérselos a los romanos, aunque algunas de sus historias y sistemas de creencias se inspiraron en los de sus vecinos, los etruscos, un influyente pueblo itálico que precedió a los romanos en el centro de Italia y cuyas tradiciones religiosas y mitología influyeron significativamente en las costumbres romanas. Al profeta Tages, una de sus figuras legendarias, se le atribuye la introducción entre los romanos de prácticas adivinatorias como la interpretación de las entrañas de los animales y el presagio de truenos y relámpagos, una tarea que realizaban los arúspices. Cuando la República romana asimiló la cultura etrusca, estos videntes se convirtieron en parte integrante de la sociedad romana. Desarrollaron un papel fundamental

REGNANDO
ticket
TICKETS

◆◆◆

Página anterior
Estatua de Rómulo y Remo, los hermanos que fundaron Roma
En el sentido de las agujas del reloj
Dioses olímpicos en la fuente Pretoria de Palermo; la Befana, la bruja buena de Italia; fresco de Cupido, Venus y Marte en Pompeya

«Los antiguos no fueron los únicos que inventaron relatos fascinantes para explicar su mundo».

que incluía aconsejar a líderes políticos, participar en ceremonias públicas y alejar malos presagios.

... y los griegos

La sociedad romana era politeísta y veneraba a numerosas deidades. Al echar un vistazo al panteón romano —Diana, Júpiter, Venus, Neptuno—, se percibe claramente su similitud con los dioses griegos del monte Olimpo. Muchos mitos griegos, incluidas partes de los viajes de Odiseo, tenían como escenario la actual Italia, lo que animó a los romanos a adaptar estos relatos legendarios. No obstante, aunque la cultura helénica tuviera una gran influencia en la antigua Roma, el resultado fue un panteón puramente romano.

Al viajar por Italia, es habitual escuchar mitos asociados a elementos del paisaje. Se cuenta que Cíclope está oculto a los pies del monte Etna, que la hechicera Circe habita en la costa del Lacio y que los monstruos Escila y Caribdis dominan el estrecho de Mesina. Los niños italianos crecen con estos relatos, los aprenden en la escuela al estudiar fragmentos de la *Eneida*, la *Ilíada* y la *Odisea*. Y estas historias surgen también en la conversación diaria, como en la expresión «Essere tra Scilla e Cariddi», que significa encontrarse entre la espada y la pared —como Odiseo, atrapado entre los monstruos Escila y Caribdis—.

Cuentos populares

Los antiguos no fueron los únicos que inventaron relatos fascinantes para explicar su mundo. A lo largo de la historia, las comunidades rurales de Italia han ido nutriendo sus vidas con cuentos que combinan sabiduría ancestral, mitos y creencias paganas y cristianas. De todos ellos, el más popular es el de la Befana, una bruja buena que vuela en una escoba la noche del 5 de enero para entregar regalos a los niños que se han portado bien y castigar a los que se han portado mal. La leyenda de la Befana ilustra la fusión entre costumbres paganas y tradiciones cristianas. Por un lado, el reparto de regalos recuerda a la antigua fiesta romana de las saturnales y las prácticas asociadas a Strenia, la diosa romana del Año Nuevo. Y por el otro, se hace referencia al relato cristiano de los tres Reyes Magos; según la leyenda, la Befana continúa aún hoy con su búsqueda del niño Jesús.

¿Es cierto que la Befana reparte regalos como parte de una búsqueda sin fin? ¿Fue Rómulo el verdadero fundador de Roma? ¿Se enfrentó Odiseo realmente a monstruos como Escila y Caribdis? Podría decirse que las respuestas son irrelevantes cuando las preguntas dan lugar a historias tan magníficas.

INSPIRADO EN ITALIA

Nombres ancestrales

Ettore, Eros, Marcella, Julia, Aurora, Diana. Basta con pasar un rato en un *parco giochi* (parque infantil) para escuchar a los padres llamando a sus hijos con nombres de dioses. En Europa occidental, muchos nombres proceden de héroes y leyendas de la mitología antigua, otro ejemplo más de cómo la tradición antigua impregna la vida cotidiana.

ARQUITECTURA MONUMENTAL

Un mundo de ambiciosas historias labradas en piedra

Los italianos no han construido su relato nacional únicamente con mitos y fábulas. Los romanos perfeccionaron la arquitectura antigua y sus descendientes la elevaron a nuevas cotas, labrando una espléndida narración en estructuras físicas, susurrando historias de poder, fe y belleza con cada iglesia y cada castillo fortificado. A lo largo de los siglos, los italianos han salpicado sus paisajes con algunas de las construcciones más célebres y hermosas del mundo.

Catedrales clásicas

Entre los magníficos edificios de Italia, las catedrales son quizás las que encabezan la lista en términos de belleza. En teoría, cuanto más grandiosa es la Casa de Dios, más profunda es la devoción.

El Duomo de Milán, cuya construcción se inició en el siglo XIV, es un ejemplo excelente. Proyectado en estilo gótico, posee una impresionante fachada con esculturas y una azotea salpicada de gárgolas que se asoman desde los arbotantes. Es la tercera catedral más grande de Europa y ha generado numerosas leyendas, como la que explica la presencia de monstruosas cabezas en sus torres y muros. Según se cuenta, el diablo se apareció a Gian Galeazzo Visconti, el aristócrata que encargó el Duomo, y le ordenó que levantara una iglesia repleta de imágenes diabólicas.

También está el Duomo de Florencia, representación de los elevados ideales del Renacimiento. Su cúpula de mampostería fue la primera construida desde la época romana, que se inspiró en los edificios clásicos de la antigua Roma. Las cúpulas, uno de los elementos más característicos de las grandes catedrales de Italia, estaban asociadas al cielo, y su forma semiesférica representaba el límite entre el mundo físico y el espiritual. En el caso de Florencia, los arquitectos concibieron una cúpula tan ambiciosa que su tamaño excedió la capacidad de las herramientas de las que disponían. Por ello, el Duomo permaneció inacabado durante 142 años, mientras las mentes brillantes de la ciudad cavilaban cómo erigir la magnífica estructura.

Tierra de iglesias

Aunque las catedrales destaquen por su tamaño y coste, la historia religiosa de Italia se refleja también en su sorprendente cantidad de iglesias —solo en Roma hay más de 900—. Las iglesias siguen siendo parte integrante de la vida cotidiana del país, estén en un pueblo

◆◆◆

Arriba El Duomo gótico de Milán, que tardó casi seis siglos en finalizarse

remoto en la montaña o en el corazón de la capital.

Rávena alberga magníficas iglesias bizantinas, como la Basilica di Sant' Apollinare in Classe, que resplandece con sus mosaicos del siglo V. Rávena fue la última capital del Imperio romano de Occidente y sus templos representan los estilos de la Antigüedad tardía, cuando el mundo romano estaba siendo dominado poco a poco por el cristianismo. El cavernoso interior con columnas de esta basílica está cubierto de detalles dorados, y cada uno de sus mosaicos muestra una

EL LEGADO DE RÁVENA

Ocho edificios de Rávena, entre ellos la Basilica di San Vitale, el mausoleo de Galla Placidia y el Battistero Neoniano, forman parte de la lista de Patrimonio de la Humanidad de la Unesco como valiosos ejemplos de la arquitectura paleocristiana.

perfecta fusión entre los estilos oriental y occidental de finales del siglo V.

No obstante, la genialidad de los arquitectos no es lo único que convierte estas construcciones en algo extraordinario; la naturaleza también desempeña un papel destacado, ya que muchas iglesias de Italia se alzan en lugares espectaculares. El santuario de Monte Sant'Angelo, en Apulia, desciende por una pared de roca hasta la cueva en la que supuestamente se apareció el arcángel Miguel, y la iglesia de San Pietro in Portovenere, en Liguria, parece surgir del acantilado.

Sedes de poder

El talento arquitectónico de Italia no se empleó solo para levantar templos a Dios; la clase adinerada lo aprovechó también para convertir sus residencias en muestra de poder y riqueza. Hasta 1861, Italia fue un mosaico de estados independientes, lo que condujo a la construcción de palacios donde residían poderosas cortes. Desde el Palacio Ducal de Venecia (cuya fachada con columnas resplandece sobre el agua) hasta el Palazzo Pitti de Florencia (la residencia tipo castillo de la familia Médicis), estos edificios fueron la sede del poder durante mucho tiempo. Algunos recuerdan también la historia de las ocupaciones: el Palazzo Reale de Palermo, en estilo árabe-normando, alberga la Cappella Palatina, una capilla que combina arquitecturas bizantina e islámica.

Castillos y fortalezas

Pero no todos los gobernantes vivieron en hermosos *palazzi;* debido a su historia de enfrentamientos entre estados e invasiones, Italia aparece salpicada también de castillos defensivos. Algunos abrazan la costa, ofreciendo una amplia panorámica del mar para controlar la llegada de barcos enemigos por el horizonte. En la isla de Ischia, junto a la costa de Nápoles, el Castello Aragonese flota sobre una roca unida a tierra firme por un paso elevado. Es tal la importancia estratégica de este lugar, el cual domina la bahía de Nápoles, que sus habitantes, desde los antiguos partenopeos, levantaron fortificaciones en él.

Hacia el interior, el castillo de Rocca Calascio, el más elevado de los Apeninos, se alza sobre una cumbre de los Abruzos. En el siglo X se levantó una pequeña torre de vigilancia, que posteriormente se rodeó de enormes rocas para que resultara inexpugnable. Nunca imaginaron sus constructores que este castillo jamás serviría de escenario a enfrentamientos militares. Sin embargo, su robustez fue puesta a prueba por una fuerza mayor que la de un ejército: un terremoto, que lo derrumbó casi por completo en 1461.

Altas torres

También hay torres, cuya finalidad puede parecer defensiva, como la de los castillos, aunque muchas se construyeron por motivos más narcisistas. En la época medieval, la mejor manera de alardear de riqueza era levantar una torre más alta que la del vecino. Aún quedan vestigios de estos rascacielos medievales, sobre todo en Bolonia, cuyo centro está dominado por las torres Garisenda y Asinelli.

En el Renacimiento, las torres eran más sofisticadas, como la Scala dei Contarini del Bovolo en Venecia (con una escalera de caracol y delicados arcos) y la torre inclinada de Pisa. Gracias a su inusual desviación, esta torre alcanzó fama mundial, aunque no destaque por ningún otro aspecto; los campanarios (o *campaniles,* entre los que se incluye la torre inclinada) son un bello elemento de muchas localidades italianas.

◆◆◆

En el sentido de las agujas del reloj desde la izquierda La torre inclinada de Pisa, uno de los muchos campanarios de Italia; el puente de los Suspiros de Venecia; el Palacio Ducal, una joya gótica de Venecia

LA HISTORIA DE

El puente de los Suspiros

Los puentes italianos rara vez son estructuras meramente funcionales, y muchos de ellos destacan por su belleza. Venecia alberga algunos de los puentes más hermosos del mundo; por su laberinto de canales se reparten más de 400, cada uno con su propia leyenda. El más cautivador de todos es el puente de los Suspiros. Esta ornamentada pasarela de piedra caliza, construida en torno a 1600 por el arquitecto Antonio Contino, servía para conducir a los prisioneros hasta el Palacio Ducal, donde eran sentenciados. Al parecer, el puente tomó nombre de los suspiros de los reclusos que lo cruzaban. Otra leyenda asegura que la pareja que se besa al pasar por debajo en una góndola disfrutará de amor eterno.

EN EL MAPA

PATRIMONIO CULTURAL

Si hay algo que refleje el profundo compromiso de Italia con la conservación de su historia, son sus 60 espacios declarados Patrimonio de la Humanidad por la Unesco. Posee más que cualquier otro país del mundo, lo que demuestra la importancia de su arquitectura, sus yacimientos arqueológicos y su belleza natural, todos ellos cuidadosamente conservados a lo largo de los siglos. Desde maravillas naturales como el monte Etna hasta increíbles yacimientos arqueológicos como Agrigento, estos lugares se incluyen entre los destinos más preciados de Europa; aquí están algunos de ellos.

Pórticos de Bolonia

Pasear por la ciudad universitaria más antigua de Europa en un día lluvioso resulta muy agradable gracias a sus largos pórticos. Doce de ellos son Patrimonio de la Humanidad; algunos datan del siglo XII.

Monte Etna

En días despejados, el volcán más alto y activo de Europa resulta visible desde una distancia de 250 kilómetros. Conocido como la bella Etna, suele pintar el valle de Catania con zigzagueantes lenguas de lava roja y, en ocasiones, con anillos de humo.

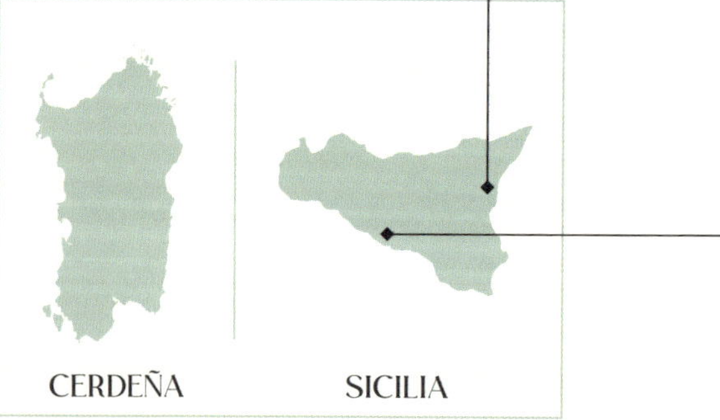

Zona arqueológica de Agrigento

Agrigento, la antigua Acragante, fue una de las ciudades más importantes de Grecia, fundada en el siglo VI a. C. Esta zona, más conocida como el Valle de los Templos, está dominada actualmente por restos de templos dóricos.

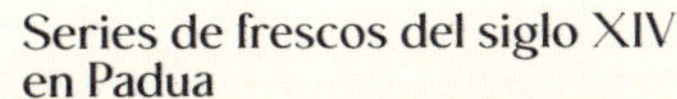

Series de frescos del siglo XIV en Padua

Los frescos realizados en el siglo XIV por seis pintores en ocho lugares religiosos de Padua revolucionaron la pintura mural. A la vanguardia de este movimiento estaba el pintor y arquitecto Giotto, que completó los famosos frescos de la capilla Scrovegni en 1305.

Via Appia Antica

Esta calzada con 2300 años de antigüedad se trazó para unir Roma con Brindisi y los nuevos territorios del Imperio. Hoy, sus 540 kilómetros incluyen un parque público frecuentado por caminantes, ciclistas y algún que otro rebaño de cabras.

Trulli de Alberobello

Alberobello puede parecer un pueblo de juguete, pero sus casi 1000 *trulli* estuvieron habitados a mediados del siglo XIV. Al parecer, estas viviendas de tejado cónico, construidas con piedra caliza y sin mortero, podían derruirse rápidamente retirando el pináculo de los tejados para evitar así el impuesto sobre la propiedad.

Reggia di Caserta

La antigua residencia real más grande del mundo, construida por Carlos III en el siglo XVIII, es un edificio impresionante. Sus más de 1000 estancias ricamente decoradas miran hacia los vastos jardines, donde destaca la Via d'Acqua (calle del Agua), de 3 kilómetros de longitud.

Matera

Parte de esta extraordinaria ciudad fue excavada en un afloramiento sobre una profunda garganta. Los *sassi* (cuevas) de Matera estuvieron habitados desde el Paleolítico hasta la década de 1950. Sus viviendas en cuevas, iglesias y casas forman un espectacular laberinto.

HISTORIA

◆◆◆

EL RENACIMIENTO

El Renacimiento fue un movimiento intelectual y cultural que cambió el rumbo del mundo occidental. Y no comenzó en un campo de batalla o en un salón real, sino en una humilde biblioteca italiana.

A mediados del siglo XIV, el erudito Petrarca estaba examinando unos volúmenes polvorientos cuando realizó un curioso descubrimiento. Un manuscrito olvidado que contenía las cartas del antiguo escritor romano Cicerón, en las que el gran estadista explicaba su visión humanista del mundo, regido por la razón, la búsqueda artística y el conocimiento científico, sin lugar para la superstición o los dogmas religiosos. Su pensamiento, recuperado por Petrarca y otros autores italianos, provocó una explosión intelectual.

Surgido en la Edad Media, el Renacimiento no habría triunfado sin la riqueza aparentemente infinita de Italia. Poderosas familias como la de los Médicis (*p. 202*) —gobernantes de Florencia, la cuna del Renacimiento— invirtieron enormes cantidades de dinero para que los artistas produjeran obras sublimes. Con la invención de la imprenta a mediados del siglo XV, proliferaron los libros impresos y el público, cada vez más culto, empezó a demandar textos de las antiguas Grecia y Roma. Se ensalzó el conocimiento en todas sus formas, lo que allanó el camino a algunos de los mejores pensadores y artistas que el mundo ha conocido, entre ellos Leonardo da Vinci, Dante Alighieri y Maquiavelo. La denominada época oscura terminó definitivamente, y las mentes europeas entraron en ebullición.

«No comenzó en un campo de batalla o en un salón real, sino en una humilde biblioteca italiana».

Izquierda *Entrega de las llaves a san Pedro,* del renacentista Pietro Perugino

CIENCIA Y PENSAMIENTO

Cómo el Renacimiento originó el pensamiento moderno

Italia ha fomentado una larga tradición en búsqueda del pensamiento científico. Sin embargo, la investigación científica y filosófica no adquirió un papel fundamental en el cultivo del intelecto hasta el Renacimiento, momento en el que los estudiosos redescubrieron y desarrollaron el pensamiento clásico. Desde el empleo de la perspectiva en la pintura y el diseño, hasta las ideas que cuestionaron la existencia de un dios omnipotente, el Renacimiento condujo a Europa hacia la sociedad moderna de más formas de las imaginables.

El renacer de la filosofía

En primer lugar, Italia recuperó la filosofía. En 1462, Cosme de Médicis, fundador de la dinastía de los Médicis, creó una escuela de pensamiento neoplatónico, una reinterpretación de las ideas del filósofo griego Platón, que trataba de alcanzar la perfección a través del amor y la conexión con el infinito. Junto a la recuperación del pensamiento de Platón, se produjo el desarrollo del humanismo, un movimiento intelectual que miraba hacia el mundo clásico y que estuvo encabezado por Petrarca, conocido como el padre del humanismo. Florencia sirvió de refugio a librepensadores y perseguidos por la Iglesia y no tardó en convertirse en centro intelectual de Europa, desde donde se expandieron las ideas del humanismo y el neoplatonismo por todo el continente. El enfoque en el ser humano, más que en Dios y el destino, allanó el camino para la separación entre la Iglesia y el Estado.

Avances científicos

Dentro de esta nueva cultura de búsqueda del conocimiento, se cuestionó todo, hasta la creación del planeta y su lugar en el universo. Astrónomos como Galileo Galilei desafiaron las doctrinas de la Iglesia sobre el cosmos, poniendo en duda el papel desempeñado por un dios omnipotente. Para estos pensadores la evidencia lo era todo, y si los rigurosos métodos científicos no podían validar una creencia, la consideraban una suposición falsa y la descartaban. Esta lógica desató la ira de la Iglesia: Galileo fue condenado a arresto domiciliario y sus obras estuvieron prohibidas durante siglos. A pesar de la firme postura de la Iglesia, los científicos siguieron adelante, observando y experimentando para extraer sus propias conclusiones. Los astrónomos se percataron de que la Tierra giraba alrededor del Sol (y no al contrario), Galileo estableció una nueva teoría de la gravedad (con ayuda de la torre inclinada de Pisa), los médicos estudiaron anatomía para entender cómo funcionaba el cuerpo, y los

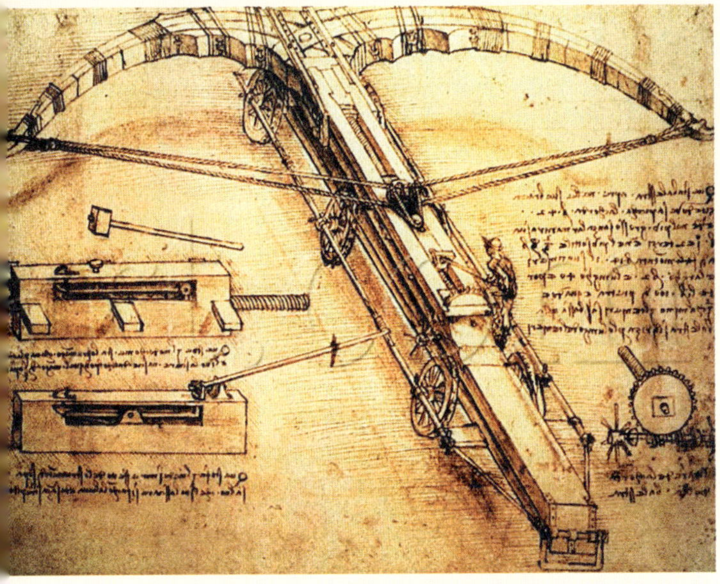

LA HISTORIA DE
Leonardo da Vinci

Leonardo da Vinci nació en la Toscana en 1452 y fue un polímata insaciable, alguien capaz tanto de proyectar almenas y muros resistentes a los cañonazos como de pintar un cuadro de fama mundial. Se le considera el arquetipo de hombre renacentista, pero se sabe muy poco de su filosofía y sus creencias. Entre las miles de páginas que dejó con escritos y dibujos, se encuentran escasas referencias a su vida o su forma de pensar, lo que ha alimentado siglos de especulaciones sobre su persona.

matemáticos realizaron importantes descubrimientos en los campos del álgebra, el cálculo y la geometría. Esta última permitió el redescubrimiento de la perspectiva, que no solo aportó realismo al arte, sino que revolucionó la arquitectura y los espacios públicos.

Nuevas tecnologías

Además de avances en la arquitectura, aparecieron nuevas tecnologías —una revolución industrial, por así decirlo—. Leonardo da Vinci es conocido sobre todo por su arte, pero en su época fue un polímata muy demandado. Dejó miles de bocetos de inventos surgidos de su mente inquieta, incluidas máquinas voladoras y carros autopropulsados. Los nuevos métodos científicos y un profundo afán de conocimiento posibilitaron el desarrollo de infinidad de ingenios, y todo gracias al Renacimiento.

◆◆◆

Arriba Bocetos a tinta de Leonardo
Derecha La *Tavola Lucana*, supuesto autorretrato de Leonardo de Vinci

OBRAS MAESTRAS DEL ARTE

El inigualable legado artístico de Italia

El *David* y la *Mona Lisa*. Miguel Ángel y Leonardo. ¿Qué otro país cuenta con obras y artistas tan archiconocidos en todo el mundo? El arte ha formado parte del ADN italiano desde siempre, pero fue en el Renacimiento cuando alcanzó su mayor desarrollo. Los artistas de este período y del Barroco transformaron el paisaje artístico con técnicas innovadoras y enfoques visionarios, dejando un legado de magníficas obras que atraen a multitud de visitantes a los mejores museos de Italia.

Arte renacentista

El Renacimiento, más que un resurgimiento, fue una revolución. Y es que no solo se recuperaron y mejoraron técnicas artísticas perdidas desde la Antigüedad, sino que se desarrollaron nuevos métodos que redefinieron el arte. Uno de los avances más significativos fue el redescubrimiento de la perspectiva lineal. El innovador trabajo del artista Filippo Brunelleschi en el uso de la perspectiva y el diseño arquitectónico —en especial el Duomo de Florencia— condujo a nuevas formas de concebir el espacio en los edificios públicos. Y Leon Battista Alberti, arquitecto de la fachada de Santa Maria Novella en Florencia, desarrolló sus ideas sobre la percepción visual en el tratado *Della Pittura* (1453). Poco a poco, los artistas empezaron a integrar estos nuevos principios en sus obras, creando la ilusión de espacio tridimensional mediante una línea recta que representaba el horizonte y un punto de fuga que aportaba profundidad. Las obras bidimensionales de la Edad Media quedaron como parte del pasado.

Nuevos creadores

Junto a estas técnicas, se desarrolló el concepto de hombre renacentista, una persona versada en varias disciplinas y con una curiosidad, inteligencia y creatividad sin límites. Ayudó, por supuesto, que ricos cardenales, comerciantes y aristócratas

LA HISTORIA DE

Plautilla Nelli

La florentina Plautilla Nelli (1524-1588), monja y pintora autodidacta, es considerada una de las primeras artistas femeninas del Renacimiento en su ciudad natal. Durante siglos, sus pinturas permanecieron olvidadas, hasta que la organización Advancing Women Artists redescubrió su obra. Este grupo restauró su *Última cena*, una las piezas más impresionantes de Nelli, que se expuso en el Museo de Santa Maria Novella.

INSPIRADO EN ITALIA

Use Your Illusion

En 1991, Guns N' Roses lanzó su álbum doble *Use Your Illusion I & II*, con el que el público pudo disfrutar de «November Rain» al tiempo que recibía una pequeñísima lección sobre arte renacentista. La portada, diseñada por Mark Kostabi, incluye un fragmento de una obra maestra de Rafael, *La Escuela de Atenas* (1511), el arquetípico fresco del Renacimiento en el que aparecen grandes filósofos y pensadores de la Antigüedad. Con un toque de humor, Kostabi representó a uno de los personajes secundarios con vivos colores.

◆◆◆

Página anterior El increíble techo de la capilla Sixtina **En el sentido de las agujas del reloj desde arriba a la izquierda** El *David* de Miguel Ángel; Jesús en el centro de *La Última Cena* de Leonardo; la *Mona Lisa* con su enigmática sonrisa

—en especial, la familia Médicis *(p. 202)*— proporcionaran a estos hombres (siempre eran hombres) los recursos necesarios para desarrollar sus ideas. Sin dificultades económicas, los artistas pudieron dedicar todo su tiempo a la pintura, la escultura y la arquitectura, y obtener resultados innovadores, dando lugar a un colorido, una perspectiva y una precisión anatómica desconocidos hasta ese momento. La combinación de técnicas nuevas y recuperadas estableció las bases del arte occidental como se conoce hoy, dejando a su paso una gran cantidad de obras maestras.

Estos hombres del Renacimiento crearon infinidad de obras revolucionarias, aportando al mundo del arte algunos de sus mayores tesoros. Leonardo da Vinci, cuando no estaba dibujando complejas maquetas, estaba expandiendo los límites del arte en pinturas como *La Última Cena* (c. 1495-1498) y la *Mona Lisa* (c. 1503-1506). Sus obras se distinguen no solo por su profundidad, perspectiva y simbolismo religioso, sino también por el uso de una nueva técnica llamada *sfumato*, que consiste en una sutil difuminación de los colores para aportar realismo al lienzo.

El dominio de la anatomía y la capacidad para transmitir emociones de Miguel Ángel también establecieron nuevos estándares en el arte. Su carrera se consolidó con su *David* (1504), ejemplo prototípico de la escultura renacentista, que destaca por la intensa mirada del personaje y su físico idealizado. El artista sorprendería luego al mundo con los frescos de la capilla Sixtina (1508-1512), concretamente con la pintura de *David y Goliat* (1509).

Tras el Renacimiento

Aunque los límites artísticos habían sido claramente rebasados, la innovación no terminó con el Renacimiento. Si en este período se apostó por el realismo clásico y el pensamiento racional, el Barroco puso énfasis en recuperar la emoción. Este estilo, caracterizado por el efectismo y la exuberancia, estuvo encabezado por artistas como Caravaggio y Gian Lorenzo Bernini. El genial escultor y arquitecto Bernini poseía una gran habilidad para transmitir movimiento y pasión, elementos presentes en todas sus esculturas importantes, incluido el inolvidable *Éxtasis de santa Teresa* (1647-1652), que destaca por su teatralidad y realismo.

MOMENTOS DESTACADOS DEL ARTE

1485-1486
El nacimiento de Venus de Botticelli representa a la diosa romana.

1495-1497
Leonardo pinta su obra maestra, *La Última Cena.*

1506
Rafael finaliza la *Virgen del jilguero.*

1512
Miguel Ángel trabaja en la *Creación de Adán,* en la capilla Sixtina.

1610
Caravaggio marca el inicio del Barroco con su *David con la cabeza de Goliat.*

1639
El *Autorretrato como alegoría de la pintura* de Gentileschi cuestiona el papel del artista.

◆◆◆

Izquierda
La sanguinaria representación de *Judit decapitando a Holofernes* de Artemisia Gentileschi

Caravaggio optó por representar escenas cargadas de dramatismo e intensidad, y con un realismo casi fotográfico. Esto lo lograba mediante un uso magistral del claroscuro, una técnica que aprovecha los fuertes contrastes entre luces y sombras para crear la ilusión de profundidad en una superficie plana, como puede verse en *El martirio de san Mateo* (1599-1600). Este estilo lo emplearon en las décadas posteriores artistas como Artemisia Gentileschi, cuya sanguinaria representación de *Judit decapitando a Holofernes* (c. 1612-1613) presenta una gran teatralidad y una magnífica técnica.

La respuesta a tanto exceso fue un regreso a la sencillez y a los ideales clásicos. La Ilustración, un movimiento cultural que se desarrolló en los siglos XVII y XVIII, recuperó el interés por los clásicos, debido en parte al redescubrimiento de Pompeya. Los artistas neoclásicos volvieron a inspirarse en Grecia y Roma, como Antonio Canova, cuyas esculturas representan escenas de la Grecia antigua. Estos artistas no dejaron de perfeccionar su estilo a medida que el arte evolucionaba; sin embargo, el Renacimiento sigue siendo el período artístico más valorado de Italia.

CONVERSACIÓN CON

VALERIA MERLINI Y DANIELA STORTI

Sobre la restauración y conservación de los tesoros artísticos de Italia

Las grandes obras de arte italianas suelen calificarse de eternas, como si su belleza fuera a durar para siempre. Sin embargo, aunque se piense que las pinturas de Miguel Ángel y Caravaggio van a estar siempre ahí, los cuadros no son inmunes a los estragos del tiempo. Entonces, ¿quién conserva estas maravillas en perfecto estado?

Desde que empezaron a colaborar profesionalmente en 1989, Valeria Merlini y Daniela Storti han restaurado destacadas pinturas italianas en el reconocido Studio Merlini Storti Restauri, en Roma. «A lo largo de nuestra carrera, hemos tenido el privilegio de trabajar con muchas obras maestras», explica Merlini. «Entre ellas, tres de Caravaggio: la *Virgen de los peregrinos* (1604), la primera versión de la *Conversión de san Pablo* (1600) y la *Adoración de los pastores* (1609)». Estos proyectos han sido los más destacados de su carrera, cada uno con sus dificultades: «La restauración de la *Virgen de los peregrinos* resultó muy compleja, teniendo en cuenta la importancia de la obra y la responsabilidad que se siente al trabajar con un lienzo tan valioso».

Tal vez resulte irónico pero el buen restaurador es aquel que apenas deja rastro de su intervención, como si la mano del creador fuera la única que hubiera tocado el cuadro. ¿Y cómo se logra esto? «En primer lugar, es fundamental conocer en profundidad la obra que estás restaurando. Hay que realizar un estudio técnico y estilístico de la pieza». También son necesarios conocimientos prácticos: «Resulta imprescindible tener nociones de química, ya que empleamos disolventes, barnices y otros materiales similares a diario». Y, quizás lo más importante, el restaurador debe contener sus preferencias creativas: «Un restaurador tiene que mostrarse humilde ante la obra de arte y su originalidad, dejando a un lado cualquier deseo de creatividad y asegurándose de que la restauración está siendo fiel al artista».

De cara al futuro, Merlini y Storti esperan concienciar al público sobre la importancia de la restauración artística. «Es necesario dar a conocer el trabajo de los restauradores. Si podemos acudir a un museo y contemplar obras maestras de los siglos XV, XVI, XVII —o anteriores— en perfectas condiciones es porque existen restauradores que cuidan de ellas». Por ello, cada vez que se contempla un Caravaggio o un Leonardo, se debería pensar un instante en las manos que mantienen vivas esas piezas.

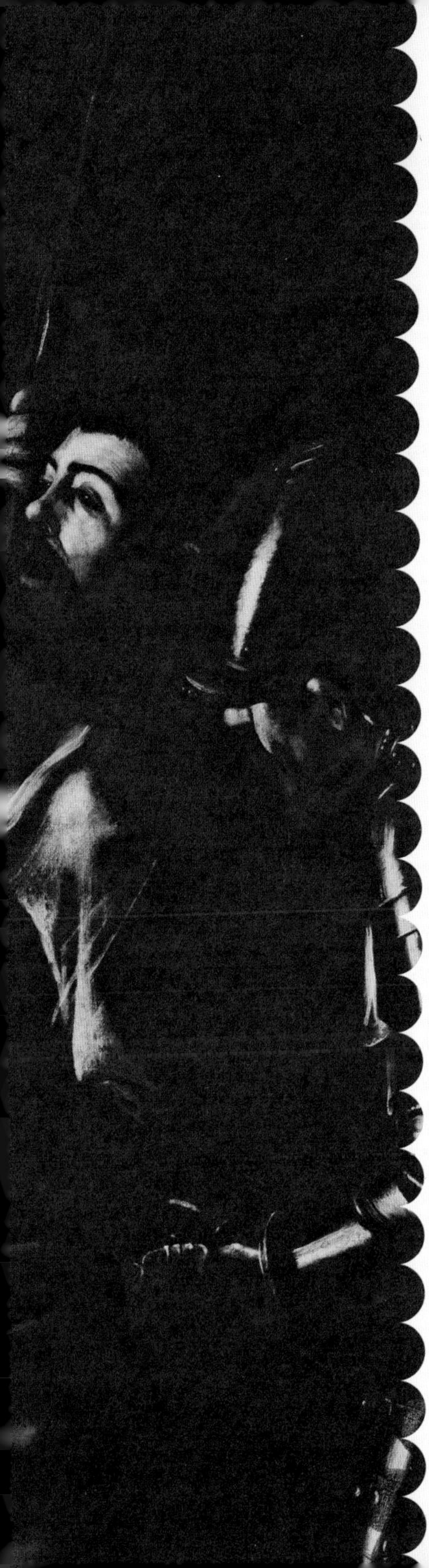

LOS ÚLTIMOS AÑOS DE CARAVAGGIO

Caravaggio es, sin duda, el chico malo del arte italiano. Este artista, nacido en 1571 como Michelangelo Merisi da Caravaggio, disfrutó de una carrera de 14 años en Roma que le granjeó más enemigos que amigos. Sus pinturas resultaban, como poco, controvertidas debido a su composición nada convencional, su expresividad y dramatismo y su realismo a menudo violento. Pero este espíritu provocador no alejó al público: a pesar de las críticas, su trabajo era codiciado, coleccionado e incluso copiado.

En cuanto a su vida personal, Caravaggio tenía un carácter violento y solía irritar a las personas equivocadas. En 1606 huyó de Roma tras herir de muerte a un hombre, al que supuestamente se había enfrentado por un partido de tenis o por una mujer (todo lo relacionado con Caravaggio tiene siempre más de una versión). Durante los cuatro años siguientes, buscó refugio en el Mediterráneo, pero mantuvo su actitud violenta. En Malta agredió a un caballero antes de huir a Nápoles, donde siguió pintando a la fuga. En su último trabajo, *El martirio de santa Úrsula* (1610), el artista se representó a sí mismo presenciando un violento asesinato. Poco después de finalizar el cuadro, Caravaggio murió misteriosamente mientras regresaba a Roma.

No tardaron en circular rumores que han perdurado hasta hoy, y los investigadores siguen buscando pistas en sus obras. ¿Fue asesinado por uno de sus numerosos enemigos? ¿Se intoxicó con plomo? ¿Murió de sífilis? Nadie lo sabe. A Caravaggio siempre le gustó el misterio, y su muerte sin explicación fue su último y más desconcertante enigma.

«Caravaggio tenía un carácter violento y solía irritar a las personas equivocadas».

Izquierda *El martirio de santa Úrsula,* **última obra de Caravaggio**

BELLEZA NATURAL

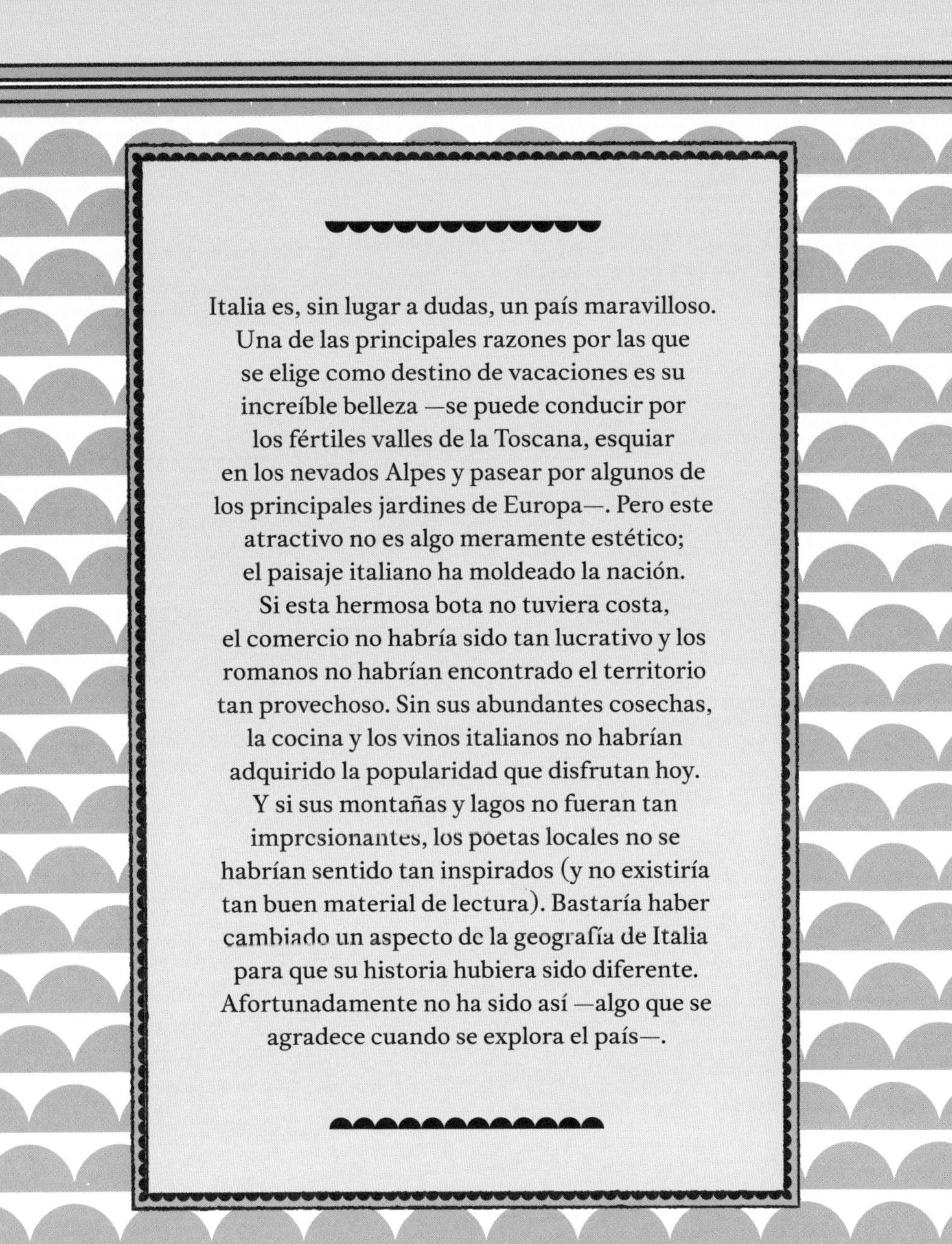

Italia es, sin lugar a dudas, un país maravilloso. Una de las principales razones por las que se elige como destino de vacaciones es su increíble belleza —se puede conducir por los fértiles valles de la Toscana, esquiar en los nevados Alpes y pasear por algunos de los principales jardines de Europa—. Pero este atractivo no es algo meramente estético; el paisaje italiano ha moldeado la nación. Si esta hermosa bota no tuviera costa, el comercio no habría sido tan lucrativo y los romanos no habrían encontrado el territorio tan provechoso. Sin sus abundantes cosechas, la cocina y los vinos italianos no habrían adquirido la popularidad que disfrutan hoy. Y si sus montañas y lagos no fueran tan impresionantes, los poetas locales no se habrían sentido tan inspirados (y no existiría tan buen material de lectura). Bastaría haber cambiado un aspecto de la geografía de Italia para que su historia hubiera sido diferente. Afortunadamente no ha sido así —algo que se agradece cuando se explora el país—.

EN EL MAPA

REGIONES DE ITALIA

Las 20 regiones de Italia son tan diferentes entre sí que al viajar de una a otra se tiene la sensación de estar cambiando de país, de continente e incluso de época. La increíble diversidad de la península se debe tanto a su abrupto paisaje como a su historia de rivalidad entre imperios y estados. Con tanta variedad, no sorprende que los italianos se refieran a su país como *il bel casino* (hermoso desorden).

Cerdeña

Esta isla a la deriva en el mar Mediterráneo posee un paisaje increíble con playas de aspecto caribeño y abruptas montañas. Y no solo está apartada geográficamente del continente: en ella se hablan todavía numerosos dialectos y lenguas.

Liguria

El paisaje de Liguria, constituido casi exclusivamente por montañas que se precipitan hacia el mar —el terreno llano escasea—, obligó a sus habitantes a ser creativos. Hoy, sus viñedos y pueblos abancalados siguen desafiando toda lógica.

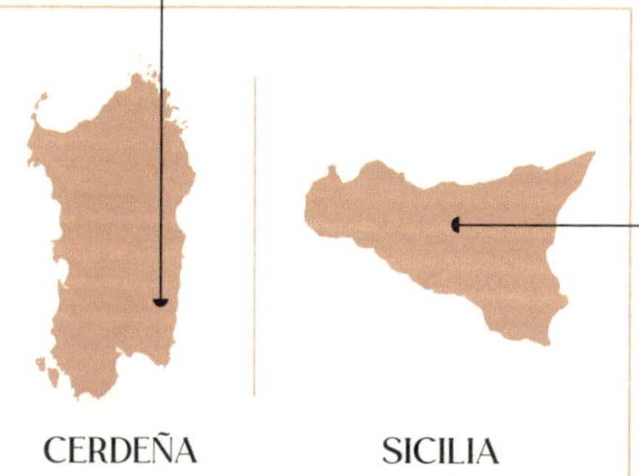

Sicilia

Innumerables imperios han recalado en sus costas y partido de ellas, pero Sicilia permanece. Esta isla volcánica, un auténtico crisol cultural, es famosa por las ciudades barrocas del Val di Noto, los templos griegos de su costa sur y las localidades que rodean el monte Etna.

Trentino-Alto Adigio

Tres lenguas, dos provincias y un paisaje asombroso: así es Trentino-Alto Adigio. El techo de Italia se encuentra completamente recluido en los Alpes y alberga sus monumentos naturales más impresionantes. Cada valle, cada pueblo y cada vista parecen salidos directamente de un sueño.

El Véneto

Las llanas islas de su laguna son la imagen más popular del Véneto, pero esta región comprende también las orillas del lago Garda, las colinas de Valdobbiadene y una amplia zona de los Alpes, incluidos los maravillosos paisajes de Cortina.

Abruzos

Los escarpados paisajes montañosos dominan la región poco poblada de Abruzos. Aquí, los parques nacionales y los Apeninos forman un paraíso salvaje y prístino, interrumpido a veces por pueblos aislados donde el tiempo parece avanzar más despacio. Es casi imposible explorar la región en su totalidad.

Toscana

Esta región es tan famosa que casi constituye una marca en sí misma. La Toscana posee un maravilloso paisaje con colinas, ríos y senderos bajo cipreses que resulta un verdadero alimento para el alma.

Apulia

El paisaje llano y regular de Apulia, el tacón de Italia, alberga olivares, pequeñas casas tradicionales —llamadas *trulli*— y un litoral con dunas áridas y altos acantilados cubiertos de arboleda.

EN LA COSTA

Vivir abrazado por el mar Mediterráneo

Italia, una península bañada por el resplandeciente Mediterráneo, es un país definido por sus costas. Sus aproximadamente 7500 kilómetros de litoral albergan todos los paisajes marítimos imaginables. Zonas llanas de costa y vastas playas de arena dominan el este, a lo largo del turbulento mar Adriático. Al noroeste, el mar de Liguria se encuentra con un escarpado arco de promontorios rocosos y poblaciones sobre acantilados, entre las que destacan los pueblos color pastel de Cinque Terre. El tramo más preciado tal vez sea el sur, donde las casas encaladas de la Costa Amalfitana aparecen encaramadas sobre el mar Tirreno. Y luego están las islas —Cerdeña, Sicilia y las más pequeñas Capri, Elba e Ischia, por nombrar algunas—, donde la vida ha estado dictada desde antiguo por los ritmos del mar.

Relatos del mar

Debido a su extenso litoral, el mar ha desempeñado un papel crucial en la historia de Italia. Virgilio, el poeta más famoso de la antigua Roma, es considerado el gran cronista de los mares. El océano está muy presente en su obra. En la *Eneida* muestra una profunda conexión con el Mediterráneo, donde sus personajes surcan las olas en grandes barcos o perecen en terribles tormentas.

Durante siglos después de Virgilio, los océanos fueron el medio a través del cual Italia exploró el mundo. Surcar su inmensidad fue imprescindible para que las repúblicas marítimas expandieran su influencia. Navegantes venecianos como Marco Polo atravesaron con sus embarcaciones el Adriático y regresaron con las riquezas que convirtieron Venecia en la ciudad más floreciente de la Europa del siglo XIII. En su apogeo como potencia marítima, Venecia contaba con 36 000 marineros enrolados en 3300 barcos y dominaba los mares.

De la exploración al turismo

En la actualidad, la costa italiana se asocia menos a poetas e intrépidos

LAS CASAS PINTADAS DE PORTOFINO

Las casas que bordean el litoral de Portofino están pintadas con trampantojos de ventanas, puertas y balcones en delicados tonos pastel, meras ilusiones diseñadas para decorar las fachadas de los edificios al estilo de las esculturas, cornisas y mármoles reales con los que se embellecían las lujosas residencias de Génova.

LA HISTORIA DE

La Fontelina, Capri

Tras la Segunda Guerra Mundial, el turismo de playa se convirtió en un fenómeno de masas en Italia, y se abrieron lujosos clubes costeros a los que acudían personajes del cine y la televisión. Pocos clubes alcanzaron la fama de La Fontelina de Capri, construido en una zona antiguamente frecuentada por los emperadores romanos. En la década de 1960, la *jet set* internacional descubrió Capri, y La Fontelina recibió visitantes de la talla de Brigitte Bardot, Sophia Loren y Clark Gable. El club sigue siendo escala ineludible en las travesías en yate de famosos y supermodelos.

Página anterior Tomando el sol en las arenas de Capri **En el sentido de las agujas del reloj desde arriba a la izquierda** Playa de Bassa Trinita; litoral de Portofino; pequeña cala en la costa sur

«Los clubes de playa mantienen viva una relación con el litoral típicamente italiana».

navegantes y más a toallas, sombrillas y bronceados. Encarnando el concepto italiano de *villeggiatura* —disfrutar de una estancia en un lugar agradable—, la población abandona las ciudades en masa al llegar agosto y pone rumbo hacia el mar. Y cuando llega a la playa, comienzan las vacaciones.

En Italia, los clubes de playa que existen en gran parte del litoral apto para el baño están íntimamente ligados a la idea de vacaciones. Los primeros *stabilimenti balneari* (establecimientos de baño) se inauguraron en el siglo XIX en la costa adriática de Rímini y Versilia. Cada club de playa ocupa un tramo de arena en el que se alinean cuidadosamente sus hamacas y sombrillas, tras las que se encuentra una hilera de pequeñas cabinas de madera para cambiarse. Los precios no suelen depender de la belleza del lugar, sino de la clientela que frecuenta el club; mucha gente paga elevadas tarifas por tomar el sol junto a estrellas del fútbol y personajes de la televisión.

Hoy en día existen miles de clubes de playa por todo el país. Algo que tal vez disguste a los amantes de las playas naturales, ya que se tiene que pagar una entrada por día o por temporada, pero estos establecimientos mantienen viva una relación con el litoral típicamente italiana que tiene más que ver con la socialización que con bañarse en aguas abiertas.

Aguas para navegar

Muchos italianos optan por contemplar el mar desde la comodidad de sus toallas, pero algunos siguen prefiriendo encontrarse con las olas de frente. Italia posee una rica cultura marinera que se remonta a miles de años, y su rocoso litoral e islas han atraído a navegantes de todo el mundo. Cada tramo de costa está repleto de historias de marineros que hallaron aquí la muerte o lograron regresar junto a sus seres queridos contra todo pronóstico.

Pocas imágenes costeras resultan tan atractivas como la de los yates deslizándose junto al litoral toscano entre las islas de Elba, Giglio, Capraia y Pianosa. Esta zona es una de las más populares entre los marinos adinerados, que navegan en algunos de los yates más caros del planeta. Italia acoge también la mayor regata de veleros del mundo, la Barcolana. Desde su primera edición en 1969, la competición reúne en el golfo de Trieste casi 3000 embarcaciones con más de 16 000 marineros. Este evento, en el que profesionales y aficionados compiten juntos, es la culminación del exigente calendario de regatas de Italia.

Por supuesto, por las aguas italianas no solo navegan yates de lujo. La pesca forma parte de la cultura del país, y los barcos pesqueros están tan integrados en la estética costera como las embarcaciones de recreo. Muchos de los principales destinos de playa comenzaron siendo pueblos pesqueros, y los curtidos pescadores son los que mejor conocen los mares del país. El bello y querido Mediterráneo, además de preciosas instantáneas, proporciona sustento.

INSPIRADO EN ITALIA

Islas en la pantalla

Los espectadores pudieron contemplar las deslumbrantes playas de Italia cuando se estrenaron las películas *El talento de Mr. Ripley* y *El cartero,* que convirtieron los acantilados, los pueblos costeros y las aguas color turquesa de islas como Capri, Ischia y Procida en destinos de ensueño.

Arriba Velero anclado en Cala Domestica
Izquierda Pescador con sus redes

CONVERSACIÓN CON

ALESSANDRO BOSCU

Sobre navegar por el bello litoral italiano

Cuando Alessandro Boscu Bianchi Bandinelli pone rumbo a Sicilia o Cerdeña, muchos isleños reconocen el casco verde de su embarcación mucho antes de que atraque. El hermoso *Santander of Wight* fue diseñado por el arquitecto naval estadounidense Philip Rhodes en 1957, pero tal vez sea más famoso por servir de velero a Jude Law en la película *El talento de Mr. Ripley* (1999). El barco pertenece a la familia Bianchi Bandinelli desde hace más de seis décadas, y Alessandro Boscu lleva cuatro navegándolo. Pocos marinos pueden hablar de las maravillas del litoral italiano —o del placer de navegar junto a Jude Law— con tanta pasión y sabiduría como él.

«Conozco tan bien la costa de aquí a Sicilia que podría dibujarla», afirma desde Villa di Geggiano, la finca sienesa que ha servido de residencia a su familia desde 1527. «Todas sus islas, todo su litoral. El sur es bellísimo». Boscu ha parado un instante de vendimiar en su viñedo; ahora dedica parte del año a navegar y parte a elaborar vino. A la mayoría de los amantes de la cultura italiana esta vida les parecerá casi idílica, y Boscu es consciente de su buena suerte. «Estoy haciendo las dos cosas que más disfruto: elaborar vino y navegar. ¡Doy gracias a Dios cada día!». No obstante, Boscu conoce la dureza de la vida en el mar. Durante muchos años ha sido el único responsable del cuidado de su antiguo velero, y ha realizado agotadoras tareas para mantenerlo a flote y resplandeciente año tras año. Con el paso del tiempo el trabajo le resulta cada vez más duro, y Boscu piensa a menudo en el futuro de la embarcación.

Boscu es un marino apasionado y reconoce que los italianos han tenido siempre una relación muy íntima con el mar. «Como puede verse en el mapa, Italia es un gran puerto. Hasta aquí han llegado pueblos de todo el mundo —desde África, desde Oriente—». En la Edad Media, las ciudades-Estado italianas crecieron gracias a las riquezas procedentes del comercio marítimo: «Estaban Génova, Amalfi, Pisa, Venecia —las cuatro principales repúblicas marítimas—. Aquí, el mar ha sido siempre parte fundamental de la vida, y siempre lo será».

Tras esta afirmación, realiza una pausa antes de responder la pregunta más importante. ¿Cómo es navegar con Jude Law? «Es un buen tipo. Navegamos juntos dos días. Rodaron durante un mes y medio y el barco sale en pantalla solo siete minutos». Puede que la aparición del *Santander of Wight* fuera breve, pero notable.

HISTORIA

LOS BANCALES DE CINQUE TERRE

Cinque Terre resulta especialmente asombroso cuando se contempla desde el mar. El tramo de costa entre La Spezia y Levanto es uno de los más espectaculares de Liguria, con sus ondulantes acantilados y casas color pastel cayendo en vertical hacia las aguas color jade. En un primer momento, podría parecer que el rocoso paisaje no ha sufrido ninguna intervención humana, pero al mirarlo con atención se distinguen cuidadas terrazas repartidas en hileras —hay 7000 kilómetros en total—. ¿Y la frondosa vegetación que las cubre? Son vides, que crecen en abundancia y entrelazan los bancales.

Se suele pensar erróneamente que los pueblos de Cinque Terre viven del mar, pero sus habitantes se han dedicado durante siglos a la agricultura. Los ligures fueron los primeros que se asentaron en la cima de estos abruptos acantilados, lejos de los piratas. Alrededor del año 1000, cuando los mares se hicieron más seguros, fueron desplazándose hacia la parte baja. Para cultivar sus alimentos, abancalaron los escarpados acantilados, tallando en la pared de roca 2000 hectáreas de terrazas que cerraron con muros en seco (usando las rocas que habían sacado de la pared) y rellenaron con tierra de otras zonas.

Nadie sabe por qué decidieron someter el acantilado cuando había un fértil valle en la ladera opuesta, pero su increíble legado se conserva en el vino que sigue produciéndose aquí, contra todo pronóstico. Escritores como Boccaccio y Dante ensalzaron la viticultura de Cinque Terre hace siglos; hoy, degustar los deliciosos caldos de la región ayuda a conservar estos bancales, que estabilizan las frágiles paredes.

«Al mirarlo con atención se distinguen cuidadas terrazas repartidas en hileras».

Izquierda Los acantilados que rodean Riomaggiore, en Cinque Terre

LOS LAGOS

El irresistible encanto de la región lacustre de Italia

Puede que haya montañas y playas tan bellas como las de Italia en otros países, pero existen pocos lagos comparables a los suyos. Formados a partir de glaciares del Pleistoceno, los lagos italianos —Como, Maggiore y Garda, por nombrar solo los más famosos— están salpicados de islas y rodeados de cumbres nevadas. Estas masas de agua evocan imágenes de opulencia —travesías en barco, tranquilos almuerzos, paseos por jardines palaciegos— y han inspirado a generaciones de artistas con su belleza (hay quienes sugieren que es el lago Como el que sirve de telón de fondo a la *Mona Lisa* de Leonardo).

Lujo junto al lago

Quizás los primeros en enamorarse de la belleza de los lagos fueron los romanos. Aunque existen evidencias de asentamientos prehistóricos junto a los lagos Como, Maggiore y Garda, no fue hasta la civilización romana cuando comenzaron a desarrollarse sus orillas septentrionales, así como a apreciarse su encanto. Plinio el Joven, escritor, abogado y polímata de la antigua Roma, tuvo dos villas junto al lago Como: la Villa Commedia y la Villa Tragedia.

Al igual que en muchas otras cosas, las generaciones posteriores siguieron el ejemplo de los romanos y ampliaron la lujosa infraestructura del lago Como a lo largo de los siglos. Actualmente, los lagos Como, Maggiore (cerca de la frontera con Suiza) y Garda (al norte de Verona) son famosos por sus hoteles de lujo y su relación con la aristocracia italiana. En el brazo occidental del lago Como, en la Villa del Balbianello y la Villa d'Este, esperan preciosos jardines y atracan embarcaciones privadas.

Retiros reparadores

Pero los lagos no destacan únicamente por su atractivo. Desde la época de los romanos, se han apreciado también las propiedades reparadoras de sus aguas. El Garda y el Orta son desde antiguo un destino en el que rejuvenecer cuerpo y alma. En Sirmione, en la orilla sur del lago Garda, los cuerpos cansados se sumergen en las aguas termales de infinidad de balnearios, muchos de ellos milenarios. Catulo, escritor de la antigua Roma, elogió Sirmione como la «perla del Garda» mientras disfrutaba de este oasis de bienestar y contemplaba las resplandecientes aguas del lago.

Arte y aventura

Aunque los lagos inviten al descanso y la relajación, también son perfectos para practicar actividades al aire libre, y así ha sido desde la época del *Grand Tour*. El poeta inglés romántico William Wordsworth escribió una gran cantidad de versos mientras caminaba por las colinas que rodean el lago Como, que describió como «un tesoro que la Tierra guarda para sí misma» (irónicamente, estas palabras animaron a miles de personas a visitar el lugar). Los senderos del lago son ahora recorridos por innumerables escritores, artistas y fotógrafos que buscan ese mismo refugio de inspiración creativa.

Los amantes de la naturaleza también acuden a Iseo, en la orilla este del Orta, donde se puede nadar, remar en kayak y practicar senderismo. Con tantos caminos de nombres evocadores serpenteando alrededor de los lagos y hacia las cumbres nevadas, no es de extrañar que por cada visitante en tacones llegue otro en botas de montaña.

Izquierda Las aguas del lago Como, el tercer lago más grande de Italia

Abajo La antigua localidad de Sirmione, a orillas del lago Garda

LA HISTORIA DE

Goethe en el lago Garda

Los lagos han cautivado a infinidad de escritores a lo largo de los siglos, incluido el alemán Wolfgang Goethe. En 1786, Goethe realizó una travesía en barco a Malcesine, en la orilla este del lago Garda. Inspirado por el paisaje de la localidad, se puso a bosquejar un castillo que vio frente a él –algo aparentemente inocente pero que llevó a la policía a sospechar que era un espía–. Durante el posterior interrogatorio (en el que rasgaron su dibujo), tuvo que convencer a las autoridades de que era inocente. El relato de este episodio quedó plasmado en sus escritos con frustración y humor.

En el sentido de las agujas del reloj desde arriba a la izquierda Embarcaciones a orillas del lago Garda; el lago Como; terraza con vistas al lago Como; la isla de Loreto en el lago Iseo

LAS MONTAÑAS

La leyenda de los gigantes geológicos de Italia

Las cadenas montañosas de Italia, que se elevan a lo largo del extremo norte y la zona central del país, conforman su territorio más salvaje. La península está surcada por tres grandes cordilleras —los Alpes, los Dolomitas y los Apeninos—, cuyas altas cumbres y verdes valles han sido considerados desde antiguo santuarios de aventura e inspiración. Estas montañas actúan como abruptas fronteras que aíslan unas comunidades rurales de otras, provocando enormes diferencias entre ellas, así como variaciones en las lenguas y tradiciones.

Los imponentes Alpes

El terreno montañoso domina gran parte del paisaje europeo, pero hay una cordillera que destaca sobre el resto: los Alpes. Italia alberga alrededor del 27 % de esta elevada cadena montañosa, más que ningún otro país, excepto Austria. Las cumbres más altas se encuentran en los Alpes occidentales, incluida la mayor de todas, situada en plena frontera franco-italiana: el Mont Blanc (o Monte Bianco, como lo conocen los italianos). Aquí habitan animales perfectamente adaptados al clima de las zonas a gran altitud. Como el rebeco, la envidia de más de un montañero: este ágil escalador asciende las cumbres más elevadas con destreza y a una velocidad asombrosa.

Integrados en los Alpes meridionales, pero a menudo considerados una cordillera independiente, se alzan los Dolomitas, unas montañas diferentes a sus parientes alpinos. Su energía es realmente cautivadora y sus dentadas cumbres y pálidas rocas adquieren tonos rosados y azulados a la luz del atardecer.

La belleza sobrenatural de los Dolomitas ha inspirado numerosos relatos. Los ladinos, un grupo etnolingüístico asentado en estas montañas durante milenios, envolvieron en leyenda las cumbres de su territorio en su epopeya nacional, *El reino de Fanes*. Esta saga, de época prerromana, habla de un reino mítico que se hunde bajo tierra, dejando a sus habitantes en las montañas a la espera de su regreso.

La columna vertebral de Italia

La cordillera de los Apeninos desciende por el centro de Italia hasta precipitarse hacia el mar junto a la costa de Calabria. Aquí no se encuentran valles pulcros y ordenados como en los Alpes: los Apeninos son más bien un laberinto de montañas y cañones que rodean ciudades y pueblos.

LA HISTORIA DE

Las lenguas montañesas

El aislamiento y las invasiones han convertido las cordilleras italianas en uno de los territorios con mayor diversidad lingüística de Europa. De hecho, en ellas sobreviven algunas de las lenguas y dialectos más excepcionales del continente. Dos de estos dialectos, el cimbrio y el mòcheno, se conservan en pocos pueblos dispersos a lo largo de la frontera entre Trentino y el Véneto, los enclaves más meridionales del alemán, mientras que muchos habitantes de Courmayeur siguen utilizando el dialecto local, el valdôtain.

Este es uno de los últimos territorios verdaderamente salvajes del país. Casi la mitad de la región de los Abruzos está protegida por parques nacionales, donde habitan manadas de lobos, linces, ciervos y jabalíes.

Si los Apeninos tuvieran un monte místico, este sería el Vettore, la cumbre más alta de los Monti Sibillini, que deben su nombre a las sibilas —brujas, fantasmas, espíritus, hadas u oráculos, dependiendo del pueblo al que se pregunte—. Cuenta la leyenda que las sibilas descendían por la noche a los pueblos de Umbría y Las Marcas para bailar con los muchachos y enseñar a tejer a las muchachas, antes de desaparecer al amanecer. Con paisajes tan maravillosos como los de los Apeninos italianos, no es de extrañar que estas montañas estén tan presentes en el imaginario nacional italiano.

Arriba Lago di Braies, en el corazón de los Dolomitas italianos
Derecha Ruta invernal cerca del Mont Blanc

HISTORIA

LOS VOLCANES DE SICILIA

Los volcanes de Italia han inspirado leyendas de proporciones míticas. Y en ningún lugar se siente su fuerza tectónica más intensamente que en Sicilia, situada cerca de las islas Eolias, una zona de gran inestabilidad geológica. Sicilia alberga varios volcanes, entre ellos el Stromboli, el Vulcano y, por supuesto, el Etna, el más alto y activo de Europa.

Las historias sobre la ferocidad del Etna transportan al fascinante mundo de la mitología griega. Según los griegos, el dios Hefesto tuvo un acalorado enfrentamiento con Júpiter y fue expulsado del monte Olimpo. Tras caer en la isla de Sicilia, eligió el Etna como base para su fragua, donde fabricaría armas para los dioses olímpicos. Cada explosión del volcán era considerada una señal de que Hefesto estaba trabajando en su yunque.

Estos relatos de ira y fuego siguen contándose, pero los sicilianos han ido desarrollando una relación más afectuosa con su volcán. En la zona se conoce al Etna como A' Muntagna (la montaña) o simplemente Idda (ella), en referencia al papel de madre que se le ha atribuido desde antiguo. El Etna es al mismo tiempo proveedor —sus laderas con agua abundante y un fértil suelo volcánico han convertido la región en uno de los terrenos más codiciados para el cultivo de vides— y destructor. No obstante, aunque las historias cambien, hay algo que perdura: el fragor del Etna recuerda en todo momento que aquí quien manda es la naturaleza.

«Las historias sobre la ferocidad del Etna transportan al fascinante mundo de la mitología griega».

Izquierda Las laderas del Etna, cubiertas de bruma

LA CAMPIÑA

Volviendo a las raíces en las ondulantes colinas

Las colinas toscanas, con sus laderas bordeadas de huertos y viñedos, aparecen en miles de postales y portadas de guías turísticas. Esta estampa podría considerarse una imagen típica de la Italia rural, pero es solo una de muchas. Entre las cumbres nevadas de los Alpes al norte y las abruptas costas de Sicilia al sur, existe una gran variedad de zonas agrícolas y un mosaico de poblaciones rurales. Esta increíble diversidad del corazón de Italia ha sido una fuente inagotable de inspiración a poetas y pintores, y ha generado formas de vida que apenas han cambiado en siglos.

Amor por la tierra

En las zonas rurales las principales actividades económicas son la agricultura y el turismo, medios de vida de muchos italianos. Apulia, con un territorio llano y fértil, es el mayor productor de aceite de oliva del país; la recogida de la aceituna en esta región es una actividad cargada de historia y tradición. En noviembre comienza la fase más intensa de la recolecta, que se prolonga hasta diciembre (o incluso enero, si el año es bueno). Los agricultores se reúnen para prensar las aceitunas y las calles de las poblaciones agrícolas se impregnan con el fuerte aroma del primer aceite. La recolección de la aceituna tiene tanta historia y el trabajo es tan frenético que muchos turistas participan de forma voluntaria para empaparse del ambiente único de Apulia (a menudo subestimando el esfuerzo que implica).

Más al norte, en Umbría, las setas y las trufas son preciados hallazgos para los recolectores que rebuscan en las praderas y bosques de la región. Esta actividad mantiene su sencilla esencia: los recolectores recorren el territorio con sus perros, una pequeña pala y un morral de cuero para guardar el botín. En los pueblos, la mayoría de las familias han contado al menos con un recolector de trufas durante siglos.

Por su parte, los viticultores toscanos recogen a mano las uvas durante la *vendemmia* (vendimia), transformando solo los mejores racimos en caldos de fama internacional. En la Toscana, la vendimia forma parte de la tradición de la región, pero se ha convertido en una lucrativa faceta de la industria turística, con visitas guiadas durante la cosecha en lugares como Arezzo, Radda in Chianti, Siena, Florencia y la hermosa San Gimignano.

LA HISTORIA DE

Las ovejas de Cerdeña

Aunque estén rodeados de mar, los sardos son pastores, no pescadores. Tienen incluso una raza de oveja propia, la sarda, criada específicamente para elaborar el mejor *pecorino*, un apreciado queso de Cerdeña. Los sardos adoran a sus ovejas, pero su cría ha dejado de ser una actividad lucrativa para los jóvenes de la isla, y se ha tenido incluso que contratar a pastores de Kirguistán para cuidar los rebaños.

Desafíos del mundo rural

Mantener vivas estas tradiciones agrícolas implica enfrentarse a numerosos desafíos. Debido a las temperaturas en alza, ha disminuido la cantidad de nieve en los Alpes, lo que significa menos escorrentía primaveral para el valle del Po, el granero de Italia. La situación es peor en el sur, donde no llueve como era habitual y enfermedades recientes como la causada por la *xylella* están causando estragos en los olivares de Apulia. Además, muchas familias campesinas han abandonado sus tierras para buscar ingresos más estables y jornadas laborales más cortas trabajando en fábricas de localidades cercanas. Por idílica que parezca la vida rural desde fuera, las tareas son duras y exigentes y puede resultar difícil encontrar y mantener buenos trabajadores.

Sin embargo, los agricultores italianos han hallado siempre soluciones creativas. En el caso de Apulia, la utilización de perros que detectan la *xylella* mediante el olfato ha dado ya resultados positivos para evitar la propagación de la enfermedad. Y las nuevas generaciones de agricultores están introduciendo prácticas más sostenibles y ecológicas para proteger la biodiversidad regional y reducir el uso de pesticidas. Los italianos sienten una profunda conexión con la tierra y lucharán por conservar el entorno rural y sus variadas tradiciones.

Naturaleza salvaje

Aunque gran parte del territorio italiano está ocupado por tierras de cultivo, una superficie importante permanece en estado salvaje. Hacia el interior del país, se conservan amplias zonas de naturaleza virgen, donde los antiguos olivares y las ondulantes laderas dejan paso a grandes extensiones con abundante biodiversidad. Víctor Manuel II, el primer rey de Italia, decidió crear una reserva en torno al macizo del Gran Paradiso para proteger el íbice alpino de los cazadores furtivos. En 1922 su nieto, Víctor Manuel III, donó ese territorio al Estado, que finalmente lo convirtió en el primer parque nacional de Italia. Desde entonces, el interés de los italianos por cuidar la naturaleza no ha dejado de crecer.

Cuando estalló la Segunda Guerra Mundial, se habían creado parques nacionales en el valle de Aosta, Piamonte, Lombardía, Trentino-Alto Adigio, el Lacio, los Abruzos y Molise. Tras la guerra, muchos de los espacios naturales más preciados del país recibieron el estatus de parque nacional, desde el Vesubio en 1991 hasta el maravilloso archipiélago de La Maddalena en 1994. En 2016 se creó el parque nacional más reciente de Italia en la isla siciliana de Pantelleria, dando lugar a una red de espacios protegidos y vírgenes desde los Alpes hasta las islas del Mediterráneo septentrional. Los parques nacionales del país, un total de 24, no podrían ser más distintos de los valles cultivados, pero ahí radica la belleza del amplio territorio italiano.

Poblaciones rurales

Por supuesto, la campiña italiana no se limita a tierras de cultivo y espacios vírgenes. Uno de sus elementos característicos son las poblaciones situadas sobre colinas. Estos pueblos, repartidos por el paisaje de norte a sur, pero más abundantes en la Toscana y Umbría, nacieron como asentamientos defensivos, antes de convertirse poco a poco en centros con autonomía

Página anterior El Val d'Orcia, un típico paisaje toscano **En sentido de las agujas del reloj desde la izquierda** Ovejas pastando en Cerdeña; agricultor trabajando la tierra; valle de Aosta, en el noroeste de Italia

política, cultural y económica. Sus casas agrupadas en círculos presentan una distribución surgida de la necesidad y transformada en obra de arte. Existen magníficos ejemplos en el interior de Sicilia, las regiones viticultoras del Piamonte y las bucólicas laderas de Emilia-Romaña. El pueblo en alto por excelencia tal vez sea San Gimignano, en la Toscana, una fantasía concebida por aristócratas del siglo XIII deseosos de alardear de su poder construyendo torres cada vez más altas. Unas 70 torres salpicaban el horizonte a mediados del siglo XIV, antes de que la peste negre cambiara la suerte de la población. En Umbría, la localidad de Orvieto es uno de los lugares más bellos del centro de Italia. Los etruscos —que se asentaron en Umbría y la Toscana mucho antes que los romanos— excavaron cuevas en las laderas de la colina, pero lo realmente cautivador son los antiguos edificios situados en la cima, con magníficas vistas de las verdes planicies de Umbría.

Arriba izquierda Aceitunas cultivadas en la Toscana **Arriba derecha** El pueblo en alto de San Gimignano

LE SPIGHE VERDI

A pesar de su atractivo aparentemente irresistible, las comunidades rurales de Italia están sufriendo la pérdida de población joven, que marcha a las ciudades. No obstante, hay quienes están pasando a la acción. Le Spighe Verdi es un premio anual que se otorga a los municipios que invierten en la mejora de su patrimonio agrícola. Mediante prácticas sostenibles e inclusivas, se espera atraer a los jóvenes de vuelta al campo.

CONVERSACIÓN CON

ARIANE LOTTI

Sobre la agricultura ecológica en el corazón de la Toscana

Es época de cosechar el arroz en Tenuta San Carlo, una finca agrícola en el sur de la Toscana con más de 480 hectáreas, gran parte protegidas por el Parque Regional de Maremma. Dependiendo de la estación, pueden verse verdes brotes de arroz o hileras de garbanzos junto a pinos y pequeñas zonas de marisma. Y si se presta atención, se escucha el suave batir del Mediterráneo al sur. Es un entorno maravilloso, algo que no pasa desapercibido a la administradora de la finca, Ariane Lotti, que conoce el lugar desde muy joven. «Heredé esta tierra cuando fallecieron mis abuelos», cuenta. «De niña, solía venir a la finca en verano».

Lotti ha estudiado y practicado la agricultura sostenible desde los 17 años y, bajo su gestión y la de su hermana Samantha, Tenuta San Carlo ha obtenido la certificación ecológica. Lotti desea proteger los hermosos paisajes de Italia y sus antiguas tradiciones agrícolas. «En Italia, el paisaje dicta la historia», explica. «Aquí, muchos terrenos son marginales, lo que significa que es difícil cultivar en ellos, de modo que los sistemas que se han ido desarrollando a lo largo del tiempo han sido siempre innovadores». Todo este conocimiento sigue vivo gracias a agricultores que mantienen un fuerte vínculo con la tierra. «Hay muchos italianos que viven más conectados con las zonas rurales; existe una unión con estos espacios que va más allá de la producción de alimentos gracias al ocio, al turismo, incluso a algo tan sencillo como dar un paseo. Hay una conexión más física con el paisaje».

Para Lotti, obtener la certificación ecológica supuso adoptar un sistema de gestión de la tierra completamente nuevo. «Esta acreditación, si se toma en serio, conlleva un tipo de negocio diferente, una filosofía totalmente nueva en relación con los ciclos agrícolas. Hay que estar más en armonía con la tierra y las estaciones». Este compromiso con la sostenibilidad fomenta una relación distinta con los productos de la tierra, por parte del consumidor y del agricultor. «En otoño, cada fin de semana hay un festival gastronómico; en Italia, aún se valora de dónde viene lo que comemos».

El proceso no ha sido nada fácil para Lotti —en especial, lidiar con la «burocracia italiana y la amenaza del cambio climático»—, pero Tenuta San Carlo es ahora un ejemplo pionero del futuro agrícola de Italia. Como afirma Lotti, «la agricultura ecológica proporciona las mejores herramientas para hacer frente a un clima cambiante».

EN EL MAPA

PRODUCTOS DE LA TIERRA

El territorio italiano, además de bello, es increíblemente productivo. Pero ¿de dónde proceden sus deliciosos tomates? Porque no son frutos autóctonos. Muchos de los alimentos que hoy crecen en abundancia por todo el país fueron importados: los tomates, de Sudamérica; la albahaca, de la India, y el arroz, de Oriente Próximo. Estos ingredientes son ahora fundamentales para la gastronomía italiana y, aunque procedan de otros lugares, resulta difícil separarlos de las distintas regiones del país.

Albahaca, Liguria

El *basilico* se utilizó como planta ornamental hasta el siglo XIX, cuando la primera receta del famoso *pesto alla genovese* de Liguria —a base de albahaca, piñones, ajo, aceite de oliva y queso curado— trasladó su producción al ámbito culinario.

Arroz, valle del Po

El clima húmedo y las zonas inundables del valle del Po son el entorno ideal para el cultivo del arroz. El 50 % del arroz que se consume en la Unión Europea procede de esta región.

Cítricos, Sicilia

Los cítricos, incluidos limones y naranjas, crecen en abundancia en Sicilia, que concentra el 64 % de la producción del país. Con ellos se elabora el dulce relleno de los *cannoli* y la ensalada de hinojo y aceitunas.

Radicchio, Treviso

De color blanco y morado, el *radicchio* aporta un toque amargo a las ensaladas y complementa a la perfección el *risotto.* Producido en la ciudad de Treviso, en el Véneto, el *radicchio* forma el cogollo tras las primeras heladas y se recolecta a mediados del invierno.

Trufas negras, Umbría

Rastreados en robledales y avellanedas por perros de raza *lagotto romagnolo*, estos «diamantes negros» se venden a 1000 € el kilo, y a veces a más. Alcanzan su apogeo en otoño y suelen laminarse sobre huevos escalfados o *strangozzi* frescos.

Aceite de oliva, Apulia

En Apulia se produce más aceite de oliva —esencial en muchísimos platos— que en cualquier otra región de Italia. Las aceitunas se recolectan en otoño y se muelen para obtener este oro líquido, cuyo tono depende de la variedad de la aceituna.

Tomates San Marzano, Campania

La salsa para las *pizzas* napolitanas se elabora con tomates San Marzano, a los que el suelo volcánico rico en minerales de la localidad de San Marzano sul Sarno aporta un sabor dulce. Se cree que este fruto llegó a Campania en el siglo XVIII como regalo del Reino del Perú.

Cebollas de Tropea, Calabria

Trenzadas en ristras durante el verano, las cebollas rojas de Tropea (también llamadas torpedo por su forma) se cultivan en la costa occidental de Calabria. Se consumen crudas, fritas, sobre pasta, en tartas saladas o en mermelada.

JARDINES ITALIANOS

Moldeando la naturaleza al estilo italiano

Tan integrados en el paisaje como los Alpes o la Costa Amalfitana, los jardines de Italia son monumentos vivos a la naturaleza. Desde las cuidadas propiedades de estilo renacentista hasta los pequeños terrenos que crecen silvestres, estos jardines resultan igual de bellos que los cuadros de los Uffizi. Su fascinante historia refleja la cambiante relación de Italia con el mundo botánico.

Las raíces del jardín

Qué agradable resulta pasear por un fragante jardín rodeado de columnas de mármol y frutales cuya sombra protege del sol del Mediterráneo. Y sentarse en un banco de piedra desde el que se escucha el arrullo de una fuente ornamental y se ve a los vencejos revoloteando. Lo mismo pensaban los romanos, y por ello los jardines eran un elemento muy presente en su mundo. En las viviendas humildes, servían para cultivar alimentos y como fuente de ingresos para la familia. Y en las residencias lujosas, eran un verdadero paraíso terrenal, una extensión del hogar y una forma de presumir de riqueza. Los jardines encargados por aristócratas y emperadores presentaban influencias griegas y egipcias, y seguían los ideales clásicos de belleza y armonía; a menudo estaban distribuidos en torno a fuentes y decorados con estatuas, aviarios y paseos arbolados.

Con la caída del Imperio romano y la posterior decadencia (por no mencionar la creciente escasez de alimentos), los jardines se transformaron en espacios principalmente funcionales. El auge de los monasterios en la Edad Media condujo a la creación de jardines monásticos y claustros, a menudo

«Si tienes una biblioteca con un jardín, tienes todo lo que necesitas».

Marco Tulio Cicerón

En el año 46 a. C., Marco Tulio Cicerón incluyó esta frase en su carta a Varrón de *Ad familiares IX*. Es un recordatorio de que, durante milenios, leer un buen libro en un jardín tranquilo se ha considerado uno de los pequeños placeres de la vida.

rodeados de altos muros; una vez más fueron lugares de retiro, además de un medio de subsistencia dedicado al cultivo de frutas y verduras.

Teatro político y disfrute

Los jardines no tardaron en recuperar un estatus elevado. El Renacimiento llegó acompañado de una gran opulencia, y la nobleza de las ciudades-Estado construyó palacetes con extensos jardines. En este período empezó a dedicarse más tiempo al ocio y el estudio, lo que renovó el interés en los jardines ornamentales de la Antigüedad. Los espacios ajardinados

JARDINES ITALIANOS DESTACABLES

1538 Cosme I de Médicis encarga un jardín para su residencia florentina, la Villa di Castello.

1549 Comienzan las obras de los jardines Boboli, el mejor ejemplo de jardín formal en Florencia.

1560 El arquitecto Pirro Ligorio inicia la construcción de los jardines y fuentes de la Villa d'Este en Tívoli, cerca de Roma.

1671 Se crea un jardín formal barroco en Isola Bella, en el lago Maggiore.

1753 El jardín del palacio de Caserta, en Nápoles, combina fuentes ornamentales y estatuas.

adquirieron un aspecto grandioso, armónico, con elementos que reflejaban la riqueza de sus propietarios y asombraban a los visitantes. El mejor ejemplo de esta opulencia es, quizás, la Villa d'Este en Tívoli, que sirvió de modelo a otros jardines europeos posteriores. Su ambicioso jardín, inspirado en Roma, pretendía competir con el de la Villa Adriana, de cuyas ruinas tomó mármoles y estatuas. Los estanques, 51 fuentes y cascadas, distribuidos en un terreno en pendiente de 4,5 hectáreas, se alimentaban del río Aniene a través de canales y tuberías subterráneas. El papel de las fuentes como símbolo de poder no era nuevo, pero Villa d'Este lo elevó a nuevas cotas al emplear el agua para alimentar instrumentos musicales y formar cascadas.

A lo largo de varios siglos, los Médicis fueron perfeccionando el arte de sorprender a los visitantes. Entre los jardines de sus 16 propiedades en la Toscana, los más bellos son los Boboli, en Florencia, una demostración de esplendor que incluye todos los elementos típicos de un jardín renacentista italiano: líneas geométricas, setos bien recortados y grutas exuberantes. Tanto en Boboli como en la Villa d'Este, los duques y duquesas se divertían en grutas, ascendían por terrazas escalonadas, se protegían bajo pérgolas y paseaban por parterres y laberintos hasta llegar a fastuosas fuentes, igual que los visitantes de hoy en día.

Página anterior Diseño renacentista en los jardines Boboli, Florencia **En el sentido de las agujas del reloj desde arriba a la izquierda** Fuente del trípode lanzando agua en la Villa d'Este, Tívoli; vista de la Villa d'Este; los jardines de Ninfa invadiendo las ruinas medievales

TIERRA Y AGUA

Italia ha sido el primer lugar donde se han cultivado plantas terrestres bajo el agua. En el jardín de Nemo, en Liguria, se emplean biosferas con material hidropónico y circulación de aire para sembrar albahaca y especies similares.

Jardines contemporáneos

Aunque estos jardines siguen existiendo, Italia está salpicada actualmente de espacios silvestres que representan la tendencia del siglo XX a alejarse del seto perfecto. En el Giardino di Ninfa, donde la vegetación cae en cascada sobre las ruinas del asentamiento medieval de Ninfa, la naturaleza parece haber actuado libremente. Su suntuosa combinación de árboles, arbustos y especies perennes podría parecer natural, pero en realidad fue diseñada para crear un maravilloso jardín de estilo inglés.

Con un diseño cuidado o de aspecto natural, a la moda o con un estilo innovador, los jardines son otra de las maneras que emplean los italianos para embellecer su mundo.

1921
Un jardín de estilo inglés cubre las ruinas del asentamiento medieval de Ninfa.

1930
Una condesa estadounidense crea la rosaleda de Roma, donde crecen más de 1000 variedades de rosa.

1958
Plantas tropicales y mediterráneas componen La Mortella de Ischia, un antiguo jardín privado.

1988
El Giardino Botanico Fondazione André Heller de Lombardía combina instalaciones artísticas y plantas.

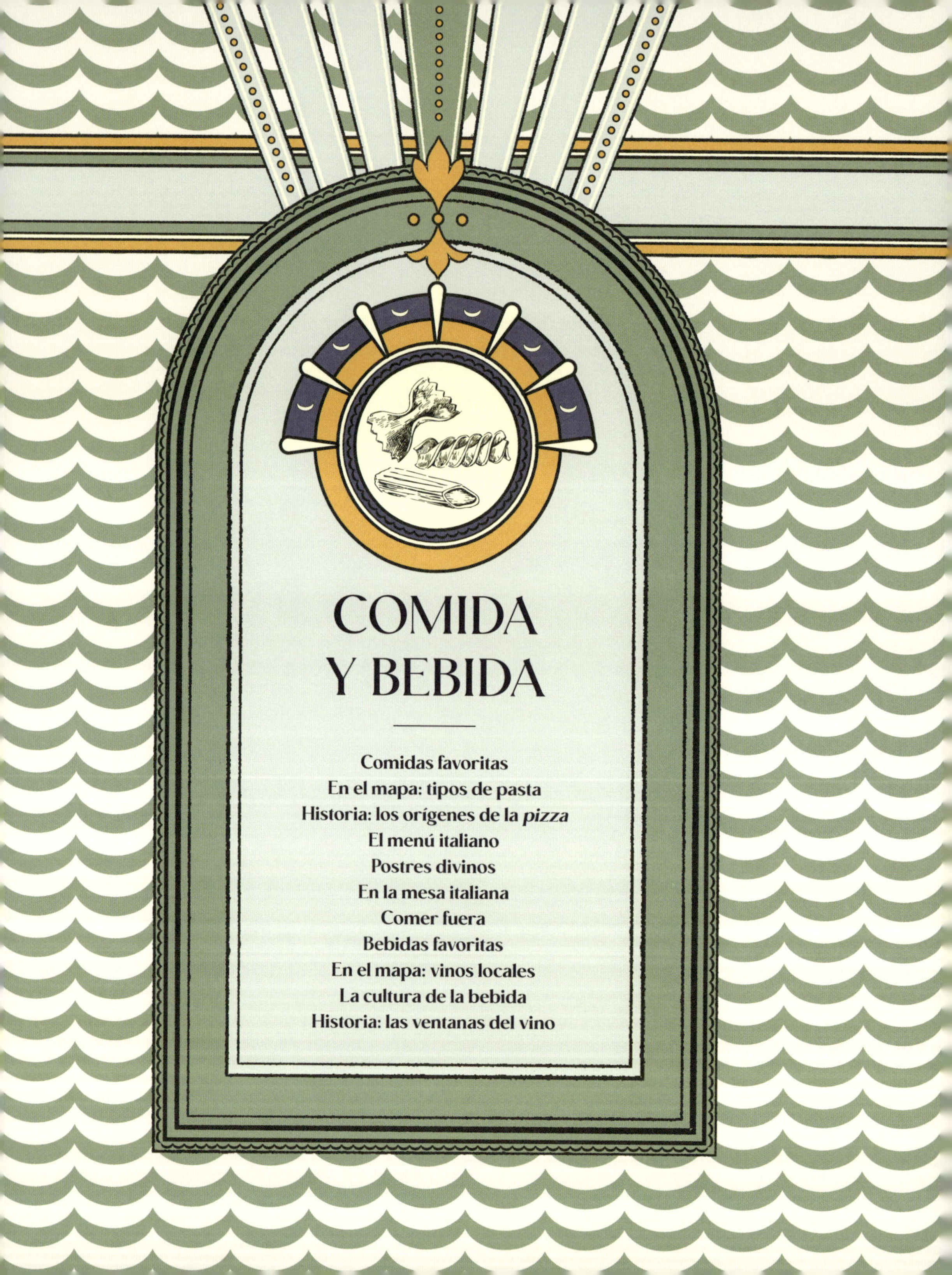

COMIDA Y BEBIDA

La comida italiana no necesita presentación. Sus *pizzas,* pastas y *gelatos* son tan deliciosos que se han convertido en algunos de los más apreciados del mundo. Y es que, ya sea un maravilloso plato de pasta o una *pizza,* representan a la perfección la cocina casera y el tiempo en familia. Los italianos cuentan con infinidad de alimentos deliciosos —embutidos, quesos, *risottos,* mariscos—, que preparan con cariño con recetas familiares. Y además tienen bebidas que todo el mundo conoce y disfruta. ¿El Negroni que se pide al salir por la noche? Hay que agradecérselo a Florencia. ¿El Chianti que acompaña una cena? Procede del barrio homónimo de Florencia. ¿Y el refrescante *spritz* que apetece en cuanto llega el verano? Venecia está detrás de él. Quien guarde una cafetera italiana en su cocina también se la debe a Italia, donde el café se toma muy en serio. En definitiva, no es de extrañar que los platos y bebidas italianos aparezcan en todas las cartas.

COMIDAS FAVORITAS

Iconos de la cocina italiana

La *pizza*, la pasta, el *risotto* y el *gelato* son platos tan conocidos que rara vez se piensa en su origen. Increíblemente variada, maravillosamente sencilla y perfeccionada a lo largo de milenios, la cocina italiana es el resultado de combinar de forma magistral ingredientes frescos y locales. Existen pocos remedios mejores para un día sombrío que un plato del extenso menú de Italia, así que no sorprende que estas comidas gusten en todo el mundo.

La pasta perfecta

La exportación más célebre de Italia puede que sea la pasta, un ingrediente básico en la despensa italiana. Sin embargo, a pesar de consumirse en todo el país, su origen no está claro. Hay quienes creen que la trajo el explorador Marco Polo de sus viajes por China, pero las crónicas sugieren que antes de las aventuras de Polo ya se comían en la zona humeantes cuencos de este alimento; existen evidencias de que los etruscos consumían pasta en Italia en el año 400 a. C.

En la Edad Media, la sencilla pasta era una de las escasas comidas que preparaban ricos y pobres, aunque las recetas variaban dependiendo de la clase social de cada uno. Y en el siglo XVIII, durante la época del *Grand Tour* por Europa, los jóvenes aristócratas ingleses regresaban con algo fijo en la mente (y, a menudo, en la maleta): pasta. Así comenzó una historia de amor global que no parece que vaya a acabar.

Se podría viajar por Italia y conocer parte de la historia de sus regiones a través de sus platos de pasta. Los *spaghetti alle vongole* —espaguetis con almejas— proceden de las regiones costeras de Nápoles, donde se han recolectado almejas durante más de 9000 años. La carbonara —espaguetis con una salsa de huevo batido y crujiente *guanciale* curado— se asocia a la región del Lacio, aunque hay quienes la relacionan con la pasta *cacio e uova*, un plato napolitano de pasta con manteca derretida, huevo batido y queso. La *pasta alla norma* de Sicilia, una pequeña degustación del verano en el sur del país, se prepara con *penne rigate*, berenjena, tomate y un poco de *ricotta salata* y albahaca. Hoy en día existen más de 350 tipos de pasta según su forma *(p. 82)*, y seguramente demasiadas recetas para contarlas.

Platos de arroz

Aunque cada región tiene su pasta (y salsa) característica, en el norte de Italia también se consume mucho *risotto* —a base de arroz—, que llega incluso a sustituir a la pasta como primer plato. El arroz se introdujo en las regiones del norte de Italia desde

En el sentido de las agujas del reloj desde la izquierda Con las manos en la masa; colando ñoquis caseros; preparando *orecchiette*, una pasta tradicional

LA MEJOR BOLOÑESA

El *ragù alla bolognese*, o salsa boloñesa, es originario de la ciudad de Bolonia. Se cree que empezó a elaborarse a finales del siglo XVIII, período del que data la primera referencia conocida a una salsa con carne para acompañar la pasta. Esta deliciosa preparación se compone de carne picada, cebolla y tomates frescos.

Asia en la Edad Media, pero fue en las cocinas de Lombardía, Piamonte y el Véneto donde se inventó el *risotto* que se come hoy. Este plato destaca por su textura cremosa, que se consigue cociendo el arroz lentamente en caldo. Existen muchísimos tipos de *risotto*, pero el clásico es el *risotto alla milanesa*. Para esta receta los granos se hierven con cebolla, vino y azafrán, que les aporta un ligero tono amarillo, y luego se les agrega mantequilla y queso. También hay *risottos* con setas, marisco o, cuando las temperaturas bajan en otoño, calabaza.

Los italianos meridionales, siempre dispuestos a diferenciarse del resto del país, tomaron el humilde *risotto* y le aportaron un toque propio. Los *arancini*, un básico de la cocina siciliana, son bolas de *risotto* que se rellenan con carne o queso, se empanan y se fríen para conseguir un bocado exquisito. Son tan deliciosos que no basta con comerse uno solo.

¿Alguien quiere *pizza*?

Todo el mundo reconoce el *risotto* y la pasta como platos típicamente italianos, pero al preguntar por la comida italiana favorita la respuesta más habitual es la *pizza*. Con aproximadamente media docena de tipos en Italia, desde las más finas hasta la gruesa *pizza al taglio* (servida en porciones), la *pizza* es una especie de término genérico que engloba una serie de elaboraciones a base de masa cubierta con ingredientes diversos.

Pero, ¿cuál es la mejor? Muchos italianos consideran que la auténtica *pizza* es la margarita napolitana. Para esta deliciosa variedad, el *pizzaiolo* crea la base lanzando un disco de masa al aire, la cubre con salsa de tomates San Marzano —cultivados en el fértil suelo del Vesubio— y queso *mozzarella*, la introduce 90 segundos en un horno de leña y la adereza con albahaca. La *pizza* margarita se sirve caliente y sin cortar, y está demasiado buena para compartirla.

Como muchos otros platos italianos, la *pizza (p. 84)* es un homenaje a los mejores productos del país. Sus ingredientes básicos —tomate, aceite de oliva, *mozzarella* y ajo—, cuyos delicados sabores capturan la esencia de Italia, son los pilares de muchas delicias italianas.

Chapata y *focaccia*

Puede que la masa italiana por excelencia sea la de la *pizza*, pero las panaderías del país elaboran también infinidad de panes deliciosos. El pan es un alimento humilde, muy apreciado y

LA HISTORIA DE

La pasta sin gluten original

Los *pizzoccheri* nacieron en el norte de Italia cuando el alforfón, una planta de la misma familia que la acedera, tapizaba el valle de Valtellina. Los campesinos desayunaban esta especie de tallarines sin gluten acompañados de productos de la vecina Suiza —queso, patatas, mantequilla y repollo—. Cuando disminuyó la producción de las semillas con las que se elabora la harina de alforfón, el trigo se convirtió en el ingrediente principal de los *pizzoccheri*. Algunos agricultores del valle están tratando de recuperar el cultivo del alforfón, y hay restaurantes que sirven esta pasta sin gluten.

Arriba izquierda Una de las populares tiendas de bocadillos de Florencia **Arriba derecha** *Pizza* margarita clásica **Derecha** Comida callejera siciliana en la fiesta de Santa Rosalía

siempre presente en la mesa, y por ello los italianos dicen de las personas de buen carácter que son un pedazo de pan *(Essere un pezzo di pane)*.

Uno de los panes favoritos es la *focaccia*, cuyo origen se remonta al parecer al período etrusco. Su nombre deriva del latín *panis focacius* (pan de fogón), ya que antiguamente se cocinaba sobre brasas. Se elabora con una masa sencilla aderezada con ingredientes variados —romero, salvia, ajo, queso o, en la versión dulce, miel, pasas, azúcar y cáscara de limón—, tiene una textura esponjosa y es ideal para absorber los sabores.

Mientras que la *focaccia* se remonta a la Antigüedad, la chapata, el segundo pan preferido de los italianos, se elabora desde hace solo unas décadas.

La inventó un panadero de Roma en 1982 como alternativa italiana a la *baguette* francesa (su nombre en italiano, *ciabatta*, significa zapatilla y hace referencia a su forma alargada). La chapata se hornea con una hidratación alta, lo que crea en la masa unos huecos más grandes que los de su equivalente francés. Este pan se consume de varias formas, pero la más popular quizás sea el *panini*, un bocadillo tostado que adquirió popularidad al convertirse en un básico de los *delicatessen* italo-estadounidenses.

La tierra y las estaciones

Además de platos básicos como la *pizza*, el arroz o la pasta, el menú italiano incluye una variada selección de verduras de temporada y carnes locales. Y para aprovechar al máximo estos productos de la tierra, lo mejor es adaptarse a las estaciones. El verano es la época de los tomates, cuando las mesas italianas se llenan de coloridas ensaladas *caprese* —*mozzarella*, tomates maduros, albahaca y aceite de oliva— y *panzanella* —ensalada toscana con pan del día anterior, tomate, cebolla, pepino y albahaca—. Estas preparaciones ligeras pueden acompañar a platos de carne como la *bistecca alla fiorentina*, muy popular en la Toscana. Lo que diferencia este grueso filete, aparte de que sea de la raza local *chianina*, es que se cocina a la parrilla y se sirve poco hecho y en raciones para compartir —normalmente de 1 kilo—.

Cuando el verano avanza, se empiezan a conservar los productos de la temporada estival para llenar las despensas con botes de tomates, pimientos y anchoas. En invierno también se elaboran muchos platos reconfortantes. La polenta es un básico invernal a base de harina de maíz, que suele cocerse en agua o leche antes de tostarse para acompañar a carnes o pescados. Esta es también la época de las sopas, como la *ribollita* toscana. Esta receta, un buen ejemplo de la *cucina povera* (recetas típicas de las zonas rurales de Italia), se prepara con verduras de invierno y pan del día anterior para espesarla. Un plato perfecto para hacer frente a la tristeza invernal, si se presenta.

Arriba Estanterías repletas de conservas de pescado y verduras, básicas en toda despensa italiana

Productos del mar

Los productos de granja y los cultivos de temporada son fundamentales en la cocina italiana, igual que los innumerables pescados y mariscos procedentes del extenso litoral del país. Cada región tiene su especialidad: la anguila y las almejas son típicas de la costa adriática, mientras que en el centro de Italia predominan las anchoas, las sardinas y el atún. Un entrante muy habitual en los restaurantes es el pescado rebozado y frito: sencillo y exquisito, como lo mejor de la carta italiana.

CONVERSACIÓN CON

EDOARDO CELADON

Sobre la belleza del sistema alimentario italiano

Edoardo Celadon, antiguo chef y emprendedor, fundó Most of Italy para conservar y ensalzar el enfoque ético de la alimentación en su país. Italia es conocida por la sencillez de sus recetas, pero, según Celadon, apreciar la gastronomía italiana significa mirar más allá del plato. De hecho, implica salir de la cocina y regresar a los campos, los bosques y los océanos, de donde proceden los ingredientes básicos. A través de experiencias gastronómicas personalizadas, Most of Italy visibiliza a los granjeros, pescadores y agricultores que abastecen las cocinas y despensas de Italia.

«Yo fui un cocinero autodidacta», cuenta Celadon. «Y observé que, en la mayoría de los restaurantes, la comida no era la que yo quería que la gente comiera. Así que abandoné la cocina y viajé por todo el país buscando granjeros y agricultores. Me interesa conocer el recorrido del campo al plato, y quiero que la gente me acompañe en este viaje». Para Celadon, la belleza de la cocina italiana comienza mucho antes del sofrito o la cuidadosa condimentación de una salsa. «Italia es famosa por su forma de *cocinar*, pero debería serlo también por su forma de *producir*. Nuestra agricultura es la más limpia del planeta. Si hay algo que Italia puede enseñar al mundo es a ser agricultor y a proteger los paisajes».

A los cocineros italianos que discuten acaloradamente sobre la manera correcta de preparar una carbonara tal vez les sorprenda, pero Celadon cree que se presta demasiada atención a los detalles, sin tener en cuenta el sistema alimentario en su conjunto. «Tenemos que olvidarnos de guardar con celo las recetas y concentrarnos en proteger los ingredientes».

Con su empresa, conduce al visitante al corazón del sistema alimentario italiano, organizando excursiones con recolectores de trufas, cenas en pequeñas granjas toscanas y travesías en barco con pescadores sostenibles, todo ello para poner el foco en quienes alimentan al país. Reconoce que hay muchos italianos que cuidan su legado culinario, pero sabe que es necesario mucho más para que estas tradiciones prosperen en el mundo moderno. Y no se trata de romper el libro de recetas o desaprovechar el talento de los chefs, sino de ampliar la perspectiva para incluir los sistemas que llevan la comida a la mesa. Tras realizar uno de sus viajes, asegura, el primer bocado de unos espaguetis tendrá un sabor mucho más intenso.

EN EL MAPA

TIPOS DE PASTA

Si, como afirmó el director de cine italiano Federico Fellini, la vida es «una combinación de magia y pasta», el país natal del maestro tiene, sin duda, ventaja. Fresca o seca, tubular o en forma de cinta, con o sin relleno, la pasta sigue siendo la comida favorita de Italia, y no es solo una base sobre la que añadir una salsa. No todos los tipos se elaboran del mismo modo, y la mayoría es típica de una región en concreto; las reglas de maridaje pueden rozar el dogmatismo, aunque la experta Oretta Zanini de Vita, autora de la *Enciclopedia de la pasta,* ha afirmado que «cualquier salsa puede acompañar dignamente a cualquier pasta». Estos son algunos de los principales tipos.

Casarecce, Sicilia

Esta pasta de trigo duro con forma de papiro enrollado podría ser de origen árabe. Sicilia, su patria italiana, ha sido siempre una encrucijada de civilizaciones. Al igual que esta isla se ha nutrido de diversas culturas, los versátiles *casarecce* combinan perfectamente con numerosas salsas.

Agnolotti, Piamonte

Esta especie de raviolis suelen rellenarse con carne asada o guisada y a veces se sirven nadando en caldo. Pueden presentar diferentes formas (media luna, cuadrada) y estilos de elaboración (los *agnolotti del plin* se pellizcan para cerrarlos), pero sea cual sea su aspecto es la pasta por excelencia del Piamonte.

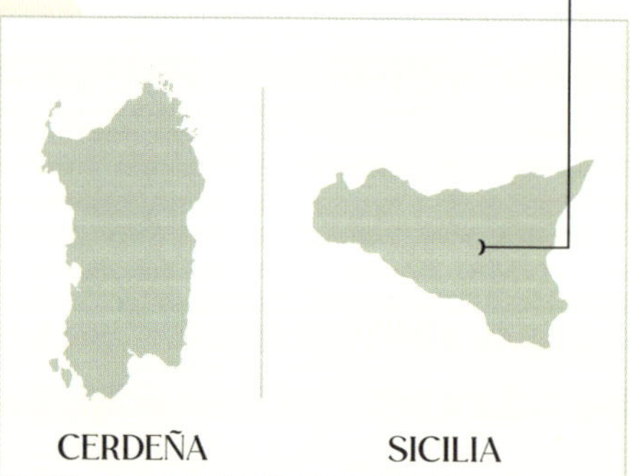

Pappardelle, Toscana

Aunque asociados a la Toscana, los *pappardelle* son actualmente una pasta de uso muy extendido. Su nombre deriva del término *pappare* —engullir o devorar—, que es lo que se hace con ellos cuando se sirven con jabalí *(cinghiale).*

Bigoli, Véneto

Aunque el arroz y el maíz sean los cereales más habituales en el Véneto, esta región no carece precisamente de pastas de trigo. Los *bigoli*, con forma de espaguetis gruesos, son la pasta más típica de la zona, y suelen servirse con una salsa de anchoas y cebolla mucho más saciante que fotogénica.

Tortellini, Emilia-Romaña

Bolonia ostenta con orgullo el título de capital de los *tortellini*, sobre todo en Navidad, cuando los *tortellini* en caldo son un clásico. En su versión más fresca y delicada, esta pasta al huevo rellena con carne o verdura suele ser más pequeña de lo que los no italianos imaginan, aunque el diminutivo *-ini* da una pista de cuál debería ser su tamaño.

Spaghetti alla chitarra, Abruzzo

¿Qué tiene que ver una guitarra *(chitarra)* con estos espaguetis de sección cuadrada típicos del centro de Italia? La respuesta es que su nombre no hace referencia a la forma de esta pasta al huevo, sino al utensilio con el que se elabora, un básico en la cocina de toda estrella culinaria entre Teramo y Chieti.

Orecchiette, Apulia

El nombre de esta pasta, que significa literalmente «orejitas», hace referencia a su curiosa forma. La superficie rugosa, el centro hundido y los bordes enrollados las convierten en perfectas cucharitas para los deliciosos *cime di rapa* (grelos); en Apulia, ambos ingredientes van siempre juntos, como el pan y la mantequilla.

Bucatini, Lacio

Los *bucatini*, cuyo nombre alude al orificio que recorre estos largos y estrechos cilindros, podrían parecer una pasta corriente, si no estuvieran tan buenos. Se elaboran en todo el Lacio, pero están muy vinculados a la localidad de Amatrice, de la que procede la salsa amatriciana —*guanciale*, tomate, *pecorino romano*, aceite de oliva y vino blanco—, uno de sus mejores acompañamientos.

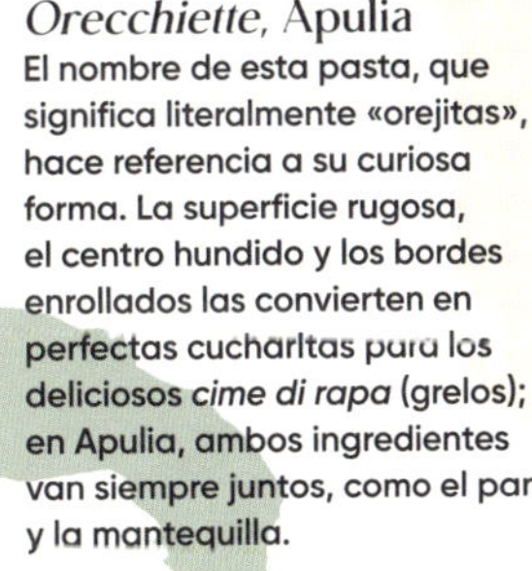

LOS ORÍGENES DE LA *PIZZA*

La *pizza* es uno de los productos más famosos de Italia, sin embargo su origen no está claro. En un fresco encontrado en Pompeya aparece lo que podría ser un prototipo de la *pizza* de hace 2000 años, aunque estas elaboraciones similares a la *pizza* fueron un invento griego, como los panes planos «pissa» —mezcla de pan de pita y *pizza*— presentes en todo el Mediterráneo.

Puede que la *pizza* se inspirara en la cocina griega, pero los italianos, sin duda, la perfeccionaron. La versión moderna surgió a principios del siglo XVIII en Nápoles, donde se horneaba pan untado con manteca de cerdo y queso. En 1760, los napolitanos empezaron a añadirle tomate, un fruto que acababa de llegar de América. En un primer momento, el tomate generó desconfianza entre los europeos, más habituados a una dieta rica en carne, pero los napolitanos, a los que se conocía como *mangiafoglia* (comehojas), no tardaron en aprovecharlo. En las primeras *pizzas* se empleaban también otros ingredientes modestos como ajo, aceite de oliva y sal.

La fama de este plato se extendió rápidamente dentro y fuera de las fronteras italianas y, al igual que hoy, probar la *pizza* napolitana se convirtió en una actividad ineludible para quienes realizaban el *Grand Tour*. Luego llegó la turista más importante de todas: en 1899, la reina Margarita de Italia visitó Nápoles y pidió probar una *pizza*. Se la sirvieron con tomate, *mozzarella* y albahaca, cuyos colores representaban supuestamente la bandera italiana, y así nació la inigualable *pizza* margarita. El resto es, por supuesto, historia.

«Puede que la *pizza* se inspirara en la cocina griega, pero los italianos, sin duda, la perfeccionaron».

Izquierda Pizza recién salida del horno

EL MENÚ ITALIANO

La buena comida llega a quienes saben esperar

Algo que conviene advertir es que las comidas italianas son un maratón, no un *sprint*. En Italia, el menú se divide en varios platos que siguen un orden fijo: *aperitivi, antipasti, primi, secondi* y, por último, el postre. De modo que, si se pide un cuenco de pasta, es recomendable comerlo despacio y no repetir. Tomar los alimentos con calma y en el orden correcto es fundamental para disfrutar de la comida, en la que cada plato complementa a los anteriores y posteriores. Para disfrutar al máximo del menú italiano, se deben seguir ciertas pautas y mantener un buen ritmo.

Aperitivo y *antipasti*

La razón por la que muchos italianos comen y cenan tan tarde es porque se entretienen con el aperitivo, una bebida que se toma antes de sentarse a la mesa. Los médicos de la antigua Grecia recomendaban beber vinos amargos para abrir el apetito, una costumbre que los italianos mantienen reuniéndose para tomar una cerveza, un vino o un licor previo a la comida en el restaurante elegido o en un bar cercano. Ponerse al día mientras se disfruta de una copa y un plato de galletitas salas y aceitunas o una selección de embutidos, quesos y pan es el preludio perfecto al festín. Esta primera parte se disfruta con calma, ya que son muchos los manjares que quedan aún por llegar.

A continuación, se sirven los *antipasti*, un entrante más contundente que el picoteo anterior. Los antiguos romanos acuñaron el término *antipasto* (literalmente, «antes de la comida»), un plato que formaba parte de sus elaborados banquetes. Los *antipasti* pueden consistir en una bandeja de embutidos (salami, mortadela y *prosciutto*) y quesos. Otra opción son los pescados en salazón, como atún o salmón. La finalidad de estos entrantes es estimular el apetito para los platos calientes posteriores.

L'appetito vien mangiando

El apetito se abre comiendo

El extenso menú italiano refleja la creencia de que el apetito debe saciarse poco a poco, por lo que cada plato constituye un paso hacia un gran final. Algunos italianos afirman (medio en broma) que el hambre les aumenta con los entrantes, mientras esperan la llegada del plato principal.

metropolitano
INTERNET GRATUITO SENZA FILI
RENATO AL GHETTO
HOSTARIA KOSHER
-CARCIOFO ALLA GIUDIA
-FILETTI DI BACCALÀ
-CONCIA DI ZUCCHINE
-AGNOLOTTO ALLO STRACOTTO
-PASTRAMI AFFUMICATO
-PORCHETTA DI
VITELLA KOSHER

«La forma de preparar la carne para el segundo plato varía de una región a otra».

Página anterior Comiendo al aire libre en Roma
Arriba Emplatando un *secondi* con carne
Derecha Selección de quesos y fruta

Primi

Las preparaciones calientes llegan con el primer plato, que suele centrarse en los carbohidratos: pasta o arroz. La pasta solía comerse como entrante ligero o acompañamiento, pero en el siglo XIX empezó a servirse como primer plato, que es como muchas personas la disfrutan hoy en día en todo el mundo.

La pasta ofrece infinitas posibilidades y, dependiendo de dónde se esté, puede resultar una manera estupenda de probar alguna especialidad local, como los *pappardelle* con *ragù* (jabalí) de la Toscana, los *trofie* con *pesto alla Genovese* de Liguria y, en otoño, los *tortelli di zucca* (rellenos de calabaza) con mantequilla de salvia de Emilia-Romaña. Los ñoquis, unas suaves bolitas de masa que se acompañan con pesto o salsa de tomate, son otra opción magnífica en todo el país. Se elija lo que se elija, es difícil equivocarse.

También pueden pedirse platos que no incluyan pasta. En el norte, especialmente en Lombardía y el valle del Po, donde abunda el arroz, el *risotto* es un *primo* habitual.

Secondi

Los carnívoros están de enhorabuena cuando llega el *secondi*, un plato cargado de proteínas en el que se sirven magníficas piezas de ternera, cerdo, cordero y otras carnes o pescados.

La forma de preparar la carne para el segundo plato varía de una región a otra, como el rosbif, que se llama y cocina de formas distintas a lo largo de Italia. Por ejemplo, en Nápoles se llama *biffo*, mientras que en Parma se suele decir solomillo.

En cuanto a los cortes de carne, la confusión es aún mayor, ya que no existe una clasificación general para todo el país; por ello distinguir la tapa de la cadera en una región puede no ser suficiente para enfrentarse a la gran variedad de nombres que se usan en otras.

Si bien los *antipasti* y los *primi* han ido cambiando sutilmente a lo largo de la historia de Italia, añadiendo variedad a unos y a otros, los *secondi* conectan a los italianos con su pasado ancestral. La carne se ha servido desde antiguo como broche de oro de los platos salados debido, en gran

LA HISTORIA DE

El *vomitorium*

Existe la leyenda de que los romanos disponían de una estancia llamada *vomitorium*, en la que los comensales podían vomitar después de atiborrarse. Ninguna fuente antigua emplea este término para describir un lugar destinado a tal fin, aunque sí abundan las historias de glotonería: el emperador Vitelio disfrutaba, al parecer, de cuatro festines al día.

parte, a la creencia de que los alimentos más contundentes deben tomarse al final.

Para los vegetarianos y veganos también existen opciones, por supuesto. Los cocineros italianos pueden transformar las verduras más humildes en preparaciones propias de un segundo plato. No se sabe muy bien de dónde procede la berenjena *parmigiana* (aunque muchas regiones la reclamen como suya), pero lo que está claro es que este plato con capas de tomate, berenjena y *mozzarella* resulta un digno rival para cualquier carne asada.

Contorni e *insalata*

Los segundos platos necesitan algún tipo de guarnición, y ahí es donde entran en escena los *contorni*. Estos acompañamientos, ligeros, frescos, crudos y vegetarianos, contrarrestan la pesadez de la carne y limpian el paladar. Legumbres como las lentejas, habas, guisantes y garbanzos figuran normalmente en la sección de *contorni* del menú. Los *secondi* suelen servirse también con pequeñas *insalate* (ensaladas) —un puñado de hojas frescas, tomates maduros, una pizca de sal y un chorrito de aceite de oliva—, aunque estas pueden tomarse como plato independiente, sobre todo en verano.

Formaggi y *frutta*

Tras el segundo plato, cerca ya del final de la comida, es costumbre hacer una pausa para prolongar un poco la experiencia culinaria. Sin embargo, no todo el mundo se toma este descanso: en las grandes reuniones y celebraciones se suele servir una tabla de quesos y fruta, lo que brinda una magnífica oportunidad para deleitarse con los 2500 tipos de queso del país (más que en Francia). Es habitual incluir quesos curados, semicurados y tiernos —entre ellos algunos de los más conocidos, como *gorgonzola, taleggio, burrata, mozzarella, mascarpone, parmigiano reggiano*—, acompañados de fruta fresca local.

Aunque pudiera parecerlo, esto no es todo. Aún queda por llegar lo mejor, que se reserva para el final: el *dolce*. Pero la variedad de postres italianos es tan increíble que merece un capítulo aparte.

POSTRES DIVINOS

El lado más dulce de la vida

Los platos principales italianos son mundialmente conocidos, pero la diversión no acaba con el último bocado de *spaghetti pomodoro.* Italia cuenta también con algunos de los mejores postres, como el *gelato,* el tiramisú, el *panettone* o los *cannoli* rellenos de *ricotta.* Probar los diferentes dulces regionales o estacionales —algunos específicos de una población o una festividad— es un verdadero placer. Elaborados con el mismo cariño y orgullo que el resto de los platos, los postres italianos suelen ser sencillos, pero exquisitos.

Delicias heladas

De todos los postres italianos, el *gelato* es un eterno favorito. Más cremoso que el helado normal, batido a una temperatura algo superior y elaborado sin huevo, tiene una textura suave que realza los sabores. Los italianos son estrictos respecto a la composición de un buen *gelato:* fruta fresca, lácteos de calidad y técnicas tradicionales (conviene alejarse de las heladerías para turistas con grandes montañas de coloridos *gelatos).* El *gelato* suele comerse fuera de casa como algo especial, y entre los sabores clásicos se incluye el de *stracciatella* —una base de leche o vainilla con trocitos de chocolate y pistacho que en ocasiones se espolvorea con frutos secos—.

Otra delicia helada es el *sorbetto* (sorbete), sin lácteos e idealmente a base de fruta fresca. Las *gelaterias* artesanales suelen incluir en la carta sabores de temporada como zarzamora, albaricoque y melocotón, además de otros más excepcionales como albahaca o mora. Para después de comer también resulta delicioso el *affogato,* un expreso con una bola de *gelato* que ofrece una magnífica combinación entre calor y frío.

Divino y decadente

Siguiendo con los postres relacionados con el café, no hay muchos que superen al clásico tiramisú. Este popular dulce se elabora con capas de bizcochos de soletilla —Savoiardi o Pavesini, dependiendo de a quién se pregunte— empapados en café, crema *zabaglione* ligeramente batida con mascarpone y mucho cacao en polvo por encima. Se suele afirmar que el tiramisú empezó a elaborarse en la década de 1960 en el Véneto, aunque existen abundantes relatos sobre su origen, incluido uno que asegura que nació como afrodisíaco por sus supuestas propiedades reconstituyentes.

Quienes no toman café pueden optar por la *zuppa inglese,* un postre similar con bizcochos empapados en licor *alchermes,* de color rojizo, y crema pastelera. En algunas zonas se encuentra incluso una versión del tiramisú con fruta, elaborada a base de caquis y vino dulce.

Sabores festivos

No muy lejos de la cuna del tiramisú nació unos siglos antes otro postre emblemático de Italia: el *panettone.* Este bizcocho típico de la época navideña se elabora con una masa enriquecida a la que se añaden pasas y frutas escarchadas. En Semana Santa se prepara una versión similar del *panettone* llamada *colomba,* que tiene forma de paloma y se espolvorea con almendras.

Y con esta explosión de dulzor concluye la comida, aunque estos *dolci* pueden disfrutarse en cualquier momento del día, como hacen los italianos.

Arriba izquierda Tiramisú espolvoreado con cacao **Arriba derecha** Disfrutando de un *gelato*

LA HISTORIA DEL *Gelato*

El *gelato* se elabora en toda Italia, pero los florentinos aseguran que este postre nació en su ciudad. Según se cuenta, el arquitecto Bernardo Buontalenti recibió el encargo de organizar un banquete para la corte de los Médicis en 1559 e inventó un nuevo postre para la ocasión: una delicia helada con sabor a limón. El *gelato* no tardó en popularizarse dentro y fuera de la ciudad, y el resto es historia.

EN LA MESA ITALIANA

Normas y tradiciones en las comidas

Los platos italianos resultan maravillosos por sí solos, pero es mejor disfrutarlos como parte del ritual social que es compartir la mesa. En Italia, comer con otras personas es algo serio y está regido por antiguas normas. Esto no quiere decir que se trate de un acto formal, como puede atestiguar cualquiera que haya pasado una relajada velada en torno a una mesa italiana. Estas tradiciones ancestrales sirven, más bien, para realzar el sencillo placer de comer bien.

Rituales antiguos

Los antiguos romanos eran muy aficionados a organizar banquetes, así que los italianos llevan más de 2000 años perfeccionando el protocolo a la mesa. El consumo de alimentos y bebidas era un importante ritual social, con banquetes conocidos como *convivium* (en latín, «convivir»). Los romanos disponían de términos para los diferentes tipos de comidas, cada una con sus propios códigos, como el *epulum* (banquete público), la *cena* (comida de la tarde) y la *comissatio* (fiesta con bebida).

Esta larga tradición es una de las razones por las que las costumbres italianas en la mesa pueden parecer confusas a un extranjero, ligadas como están a siglos de historia social.

Más allá de la etiqueta

Una vez que la comida está en el plato, comienza la coreografía habitual en toda mesa italiana. Es costumbre esperar a que todo el mundo esté servido para empezar a comer; no hay que colocar nunca el pan boca abajo ni derramar sal o aceite; se debe mostrar un buen apetito y acabar el plato; hay que beber vino pero sin emborracharse; nunca se debe pedir queso parmesano con los platos que lleven marisco, y se

A tavola non si invecchia

En la mesa no se envejece

Aludiendo a la magia de las comidas italianas, esta frase recuerda que los momentos compartidos con los seres queridos aportan tanta felicidad que no agotan; al contrario, las preocupaciones de la vida desaparecen con buena comida y buena compañía.

Derecha Disfrutando a la mesa

tiene que felicitar al cocinero repetida y efusivamente.

Si hay un momento en el que este protocolo se respeta con mayor entusiasmo, es en la comida del domingo. El *pranzo della domenica* es un encuentro multigeneracional de varias horas que reúne a las familias (y ahora también a los amigos). Esta comida se rige aún por la regla tácita de comer lo suficiente para permanecer saciado el resto de la semana. Antiguamente esto resultaba un salvavidas por si la comida escaseaba, pero hoy es una excusa para disfrutar de un festín.

Un año en la mesa

Al igual que cierran la semana con un almuerzo dominical, los italianos disfrutan de diversas comidas ineludibles durante el año. Desde los banquetes de Nochebuena hasta los relajados almuerzos del Ferragosto (*p. 146*), las fiestas y sus platos son inseparables. En el Domingo de Pascua el cordero simboliza la renovación, y en la Fiesta de los Siete Peces, que se celebra en Nochebuena en Roma y gran parte del sur, se sigue la antigua costumbre de comer marisco durante las fiestas. El día de Nochevieja se sirven lentejas a medianoche como símbolo de buena suerte para el nuevo año, una tradición supuestamente de origen romano. En un país tan orgulloso de su pasado, conservar las comidas tradicionales supone mantenerse unido a una época más sencilla y relajada, y ofrece a los italianos una conexión vital con su legado.

En el sentido de las agujas del reloj desde abajo a la izquierda Raviolis de calabaza; comida familiar; en un restaurante de Pienza; lentejas con salchicha de cerdo

COMER FUERA

Ver y ser visto en un restaurante italiano

Si tuvieran que elegir entre una comida casera o visitar su restaurante favorito, la mayoría de los italianos no sabrían por qué decantarse. Ambas opciones se incluyen entre los pequeños placeres de la vida, aunque comer fuera es una experiencia cultural que va más allá del simple acto de alimentarse. En Italia, los amigos quedan en los mercados, las familias se reúnen en las *trattorias* y los enamorados comparten espaguetis a la luz de las velas en los restaurantes. La comida es uno de los pilares de la sociedad italiana, y existe un lugar perfecto para degustar cada plato.

De la *osteria* a la *trattoria*

En Italia existen muchos tipos de restaurantes, cada uno con su propio estilo y unos platos característicos. Los pequeños locales con ambiente informal, mesas compartidas y menús escritos a mano son las *osterias,* unos establecimientos económicos que suelen servir rápidamente uno o dos sencillos platos del día —por ejemplo, espaguetis con almejas locales—.

Luego están las *trattorias,* restaurantes familiares y algo más grandes y formales que las *osterias.* La *trattoria* es el tipo de local en el que probablemente se piensa cuando se imagina una comida en Italia: mesas distribuidas en una pequeña terraza, botellas de vino en baldas y un menú con platos regionales cuidadosamente seleccionados. Muchos italianos llevan décadas visitando su *trattoria* favorita, y es que estos establecimientos siguen siendo magníficos lugares de encuentro.

Para celebrar un cumpleaños, un aniversario o cualquier otro evento, se suele acudir a los *ristorantes,* espacios sofisticados con platos elaborados y una buena selección de vinos. Aquí los precios son más elevados, se viste con más elegancia y el buen servicio es

Pagare alla romana

Pagar a la romana

Pagare alla romana, o facciamo alla romana, significa repartir la cuenta a partes iguales. Al parecer, la expresión data de la época en la que los restaurantes romanos solían dividir el importe de las comidas para facilitar el pago a los grupos grandes.

imprescindible. En los restaurantes se aplican muchas de las normas de etiqueta conocidas como *galateo,* entre las que se incluyen beber solo agua y vino con las comidas (ni refrescos ni infusiones) y pedir la especialidad local.

Pero los locales más populares son tal vez los bares de barrio, segundo hogar para muchos italianos. El bar es el corazón del *quartiere,* un lugar para mantenerse al día de los cotilleos, reunirse con viejos amigos y conocer a otros nuevos.

En la calle

Pero comer fuera de casa no tiene que significar sentarse en torno a una mesa. En Italia, la comida callejera existe hace más de 2000 años; los ciudadanos de la antigua Roma podían encontrar puestos con platos calientes en los mercados al aire libre e, igual que hoy es usual pedir palomitas en el cine, ellos compraban pescado frito y guisantes salados antes de ir al Coliseo. En yacimientos como el de Pompeya se han conservado ejemplos de estos establecimientos.

La comida callejera actual no se parece mucho a los guisantes salados de antes, pero sigue estando muy presente en la vida moderna. La *pizza al taglio* (en porciones o, literalmente, «pizza cortada») surgió en Roma en la década de 1950: los trozos se cortan del tamaño que desea el cliente y se cobran al peso. Mientras que la *pizza fritta* reina en Nápoles, donde los cocineros están dispuestos a freír casi cualquier cosa. En vez de hornearse, esta *pizza* se fríe y luego se cubre con carne y queso. Este método era sencillamente la forma más práctica de preparar una *pizza* sin horno —ideal para servirla en puestos callejeros y comer sobre la marcha—.

Derecha Fritura de verdura, carne y pescado, un básico de la comida callejera napolitana **Abajo** Listos para pedir *pizza* y pasta en un café de Roma

BEBIDAS FAVORITAS

Para alzar una copa (o dos)

El expreso de la mañana, el Chianti para acompañar la comida y el Negroni que se pide por la noche, todas estas bebidas proceden de Italia. Los italianos contabilizan el tiempo por vasos vacíos, y afortunadamente disponen de algunas de las mejores bebidas para rellenarlos. Al igual que la gastronomía, las bebidas reflejan los ricos paisajes, cultura y tradiciones del país, y todas, desde el vino hasta los cócteles, se han ido perfeccionando con los siglos.

Impulsada por el café

Italia no inventó el café, pero podría considerarse su hogar espiritual. Cuando el botánico veneciano Prospero Alpini regresó a Italia de Egipto con una planta de café en 1580, no podía ni imaginar la revolución que iniciaría. El *caffè*, del árabe *qahwah*, no tardó en convertirse en la bebida predilecta de intelectuales y artesanos, debido en gran parte a la bendición concedida por el papa Clemente VIII a este grano en 1600. A partir de ese momento proliferaron las cafeterías, y en 1884 Angelo Moriondo patentó la primera máquina de café. En 1933, el ingeniero Alfonso Bialetti desarrolló en los Alpes la primera cafetera italiana del mundo, y la revolución alcanzó su apogeo.

En Italia, el día no empieza hasta que se ha tomado un expreso (un *caffè*), que se sirve en una taza pequeña con un platillo y una cuchara diminuta. Resulta lógico que esta sea la opción habitual, ya que el expreso es un invento italiano; en 1903, el empresario Luigi Bezzera, frustrado por el tiempo que tardaba en prepararse el café, empezó a experimentar con la presión del vapor de su máquina. Desde entonces se han desarrollado otras versiones, desde el expreso *ristretto*, más corto, hasta el *macchiato* con leche, pero el original es difícil de superar. El segundo café del día es el capuchino, con una cucharada de leche espumosa. Se pide poco después del expreso y suele tomarse con una pieza de bollería antes de las 11.00 de la mañana.

LA HISTORIA DE

La cafetera italiana

Luigi di Ponti inventó esta sencilla cafetera de forma octogonal en 1933. Alfonso Bialetti, un ingeniero del Piamonte, perfeccionó posteriormente el diseño de Ponti y lo transformó en el utensilio actual: una cafetera metálica a presión que se calienta sobre un fogón. Este artilugio fue revolucionario, ya que permitió a los amantes del café preparar una buena versión de esta bebida en sus propias casas.

En el sentido de las agujas del reloj desde la izquierda Bar de Milán; un café y un pastel; café preparado en una cafetera italiana; pintoresco café de Turín

Izquierda Un *bicerin* **Abajo** Evaluando un vino tinto **Derecha** Elaboración de un clásico *spritz*

Al igual que en la comida, existen diferentes tipos de café en cada región. El *bicerin* de Turín se prepara con café expreso, chocolate, leche y nata, y el *moretta* es una combinación de café y ron que se sirve casi exclusivamente en la zona norte de Las Marcas.

La bodega de Italia

Si bien el café es venerado en Italia, el alma del país es sin duda el vino. Tan importante como el agua, el vino no es un lujo, sino una forma de vida; desde los intensos tintos de Apulia y el Piamonte hasta los espumosos del Véneto y Lombardía, Italia tiene vinos para todos los gustos. El primer vino de la península se produjo en torno al siglo VII a. C., cuando los etruscos empezaron a cultivar las colinas del centro de Italia empleando métodos aprendidos de los griegos. Los romanos tomaron poco a poco el control y transformaron la vinicultura en una industria que se extendió por todo el Imperio. En la antigua Roma, el vino era considerado un regalo del dios Baco, a quien se veneraba en fiestas animadas con barriles de buenos caldos. La caída del Imperio en el año 476 d. C. supuso el fin de la producción de vino hasta el Renacimiento; el resurgimiento del vino, tan importante como el del arte y la ciencia, fue una contribución de este período a menudo infravalorada.

El vino italiano es algo por lo que realmente merece la pena honrar a un dios, pero ¿qué lo hace tan especial? La propia Italia, un territorio cuyos paisajes presentan características y variedades de uva únicas. Gracias al clima cálido y el abundante sol existe una excepcional diversidad de vinos, entre los que se incluyen los caldos anaranjados de Gorizia, la dorada ambrosía de Valdobbiadene, los afrutados tintos de Chianti y el vino

dulce de Marsala. El elemento clave para obtener tan buenos caldos es la vendimia: la recolección de la uva se realiza en invierno, antes de ser prensadas, fermentadas y envejecidas.

Con tal variedad, decidir qué vino abrir depende a menudo del plato al que vaya a acompañar. Un ligero y fragante *vernaccia* blanco marida a la perfección con el marisco, mientras que el dulce *sangiovese* es ideal para los platos de pasta.

Fabricación de cerveza

Aunque en Italia el vino se lleve todo el protagonismo, la cerveza no es algo secundario —en un día caluroso, resulta tan refrescante como una copa de Chianti—. Al parecer, fueron los fenicios los que empezaron a vender y consumir cerveza en Sicilia en el siglo VII a. C., y después los romanos pasaron a producirla, aunque en pequeñas cantidades. A partir del Renacimiento, la cerveza que se bebía en Italia era en su mayoría importada; los suelos del país resultaban más adecuados para el cultivo de la uva que para el del lúpulo y los cereales necesarios para elaborar cerveza.

Pero esto no desanimó a uno de los productores más emblemáticos de Italia, Birra Moretti. En 1859, en la localidad norteña de Udine, el empresario Luigi Moretti calculó que obtendría más beneficios elaborando cerveza localmente que importándola de fábricas del Imperio austrohúngaro. Abrió su propia fábrica, vendió la primera botella de cerveza Moretti en 1860 y en la década de 1990 ya distribuía a todo el país. Desde entonces ha surgido una fuerte competencia, pero sigue siendo una marca reconocida en todo el mundo.

Licores

Cuando se necesita algo un poco más fuerte, los licores italianos son la mejor opción. Muchos licores tienen su origen en la Edad Media, época en la que los monjes empezaron a desarrollar preparados medicinales con hierbas que dieron lugar a las bebidas que se sirven hoy en los bares. La *grappa*, consumida sobre todo en el noreste, es uno de los licores más antiguos de Italia —y tan bueno que hay localidades del Véneto que han añadido a su nombre la denominación «del Grappa», como Bassano del Grappa—. Elaborada a partir de los hollejos y semillas sobrantes en la producción de vino, la *grappa* empezó a añadirse también al expreso para darle un toque especial.

MOMENTOS DESTACADOS EN LA HISTORIA DEL VINO

700 a. C.
Los griegos introducen la viticultura en Sicilia.

100 d. C.
Los romanos desarrollan el comercio del vino y plantan viñedos en todo el Imperio.

500 d. C.
Tras los romanos, los monjes se encargan de la elaboración del vino.

Década de 1420
Con el renacimiento de la vinicultura, surgen nuevos clásicos toscanos.

Década de 1800
La epidemia de filoxera devasta los viñedos italianos.

Década de 1960
Se aprueban nuevas leyes para regular la vinicultura y aumenta la calidad del vino.

Otro licor famoso es el *limoncello*, una bebida de limón que suele servirse muy fría como digestivo después de las comidas. Típico del sur de Italia, este licor de sabor ácido, dulce y ligeramente amargo se elabora principalmente en la Costa Amalfitana.

En la coctelera

Para apreciar mejor el sabor de los licores italianos, no conviene mezclarlos con otras bebidas. Aun así, sirven de base a conocidos cócteles como el *spritz*, que atrajo a los venecianos como la luz a las polillas cuando apareció en la década de 1920. Se elabora con *prosecco*, agua con gas y un bíter, una receta en parte influida por la antigua costumbre austriaca de rociar (*spritzen* en alemán) agua con gas sobre el vino para diluirlo. De este modesto origen surgió el popular cóctel actual. La contribución de Milán al *spritz* es el Campari, elaborado por primera vez en 1860. Su sabor intenso deriva de una combinación de hierbas, especias y frutas que le aportan un gusto agridulce con un ligero toque cítrico. Esta bebida, cuyos ingredientes exactos siguen siendo un secreto muy bien guardado, mantiene una antigua rivalidad con el Aperol de Padua por ser el bíter preferido para el *spritz*.

El resurgimiento de la coctelería en Venecia aportó también el Bellini, inventado por el cocinero Giuseppe Cipriani y bautizado en honor al pintor del siglo XV Giovanni Bellini. Esta combinación de *prosecco* y pulpa de melocotón se asocia a la elegancia del estilo de vida veneciano. En realidad, todos los cócteles italianos son increíblemente sofisticados y ofrecen la oportunidad de saborear una bebida deliciosa mientras se disfruta del *dolce far niente* (el arte de no hacer nada).

Arriba Licores alineados en un elegante bar de Palermo
Izquierda *Limoncello* elaborado en el sur

CONVERSACIÓN CON

LINDSAY GABBARD

Sobre el magnífico vino italiano y el oficio de sumiller

El Rimessa Roscioli de Roma es un restaurante, bar de vinos, espacio para eventos y templo dedicado a las uvas italianas. Y la misión de su sumiller, Lindsay Gabbard, es rendir homenaje a los caldos italianos y el conocimiento obtenido con esfuerzo por aquellos que los elaboran. El club de vinos del Roscioli ha trabajado con más de 600 productores artesanales de toda Italia para que las pequeñas bodegas sigan siendo parte fundamental de la historia del país. El club busca, en palabras de Gabbard, conectar «directamente con la persona que está detrás de la botella». Italia produce más de cinco mil millones de litros de vino al año, pero en la industria siguen predominando las bodegas pequeñas —y es a estos productores a los que Roscioli da protagonismo—.

Natural de Detroit (Estados Unidos) y asentada en Roma, Gabbard se preparó como sumiller, aunque adquirió experiencia viajando por los viñedos de Italia. «En la enseñanza reglada no suele hablarse de lo que importa al vinicultor», comenta durante un breve descanso en su recorrido por las bodegas de Sicilia. «Hay que proteger los territorios y reponer los suelos. Visitando viñedos, tocando la tierra, hablando con los productores, así es como se aprende». Gabbard se enamoró de la increíble variedad de vinos italianos. «Me encanta la biodiversidad del país. Hay numerosas variedades de uva e infinitos sabores, tradiciones, paisajes —algunos verticales, otros volcánicos— en cada tipo de suelo». ¿Y cuáles son las mejores regiones vinícolas? Gabbard se muestra reacia a escoger, pero accede: «El Piamonte elabora algunos de los vinos más destacados del mundo. Y los caldos sardos son salvajes, aunque bastante desconocidos». Aparte del famoso vermentino, la famosa uva de Cerdeña, muchos de los mejores vinos sardos siguen sirviéndose en botellas sin etiqueta cerca del propio viñedo, y no salen de la isla.

Con tal variedad de uvas y regiones, puede resultar difícil para el profano en el vino italiano saber por dónde empezar. Y ahí es donde entra en escena el sumiller. «Hay muchos sumilleres que aprovechan su posición para alardear», comenta Gabbard, «pero tú estás ahí para mejorar la experiencia del visitante y convertir el vino en algo accesible. Tu trabajo es actuar de puente». Y teniendo en cuenta que Italia tiene más vinicultores artesanales que cualquier otro lugar del mundo, es imposible saber adónde podría conducir ese puente.

EN EL MAPA

VINOS LOCALES

Todo el mundo ha oído hablar del *prosecco* y el Chianti, pero ¿y del aglianico o el *cannonau*? Gracias a un clima templado y unas extensas zonas de viñedo, en Italia crecen 545 variedades de uva, casi la mitad de las 1300 que se conocen en todo el mundo. Algunas son autóctonas; otras, introducidas por griegos, fenicios y árabes, relatan la historia del país. El vino es un maravilloso punto de partida para cualquier viaje a Italia; independientemente del lugar que se visite, las uvas locales sirven de introducción a la región, a su cultura y a su historia.

Chianti, Toscana

El Chianti, elaborado principalmente con uva *sangiovese*, es el más accesible de los famosos vinos de la Toscana. Las variedades más prestigiosas se producen en el montañoso centro de la región, el Chianti Classico, que fue designado para la viticultura por el gran duque de la Toscana en 1716.

Cannonau, Cerdeña

Cerdeña es conocida por su población centenaria, y la uva *cannonau*, cargada de antioxidantes, podría ser una de las razones de tal longevidad. Cultivada en toda la isla, alcanza su máxima calidad en altitudes elevadas.

Etna Rosso, Sicilia

El suelo volcánico y la ubicación costera del monte Etna dan lugar a unos vinos extraordinarios que combinan el fuego del volcán con la brisa marina. Plantada en la ladera oriental del Etna, la uva *nerello mascalese* es la base del Etna Rosso, un tinto rico en minerales.

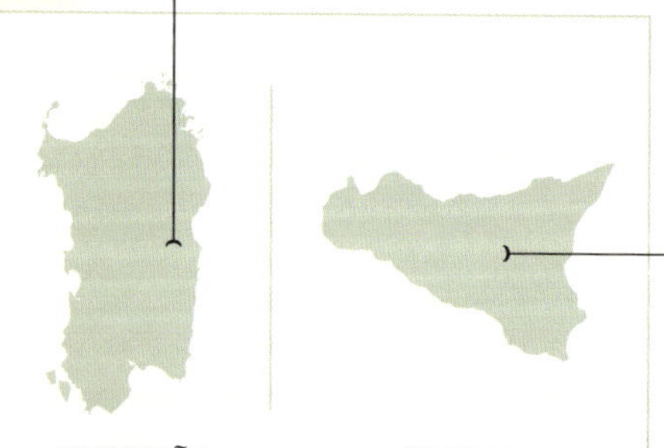

Barolo, Piamonte

El Barolo, el más destacado de los estupendos vinos del Piamonte, irrumpió en el panorama vinícola internacional tras una revolución en sus métodos de producción en la década de 1970. Hoy, este tinto con cuerpo se elabora exclusivamente con uvas *nebbiolo* y se madura al menos 38 meses.

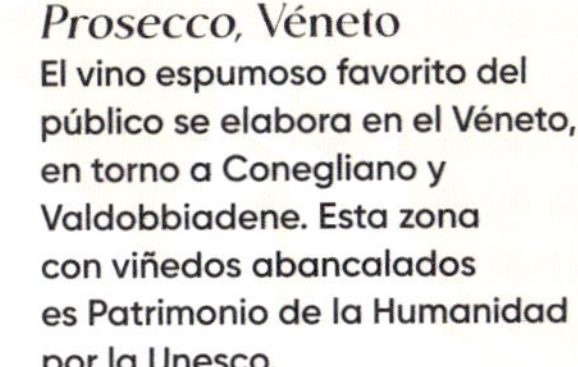

Prosecco, Véneto

El vino espumoso favorito del público se elabora en el Véneto, en torno a Conegliano y Valdobbiadene. Esta zona con viñedos abancalados es Patrimonio de la Humanidad por la Unesco.

Pecorino, Abruzos

Poco conocida fuera de Italia, la *pecorino* es una uva blanca autóctona que crece principalmente en la costa del Adriático, entre Las Marcas y los Abruzos. De color pajizo, mineral y fresco, el vino que se obtiene de ella es perfecto para un día de verano en la playa.

Aglianico, Campania

Con tanto carácter como el entorno volcánico que prefiere, la uva aglianico crece sobre todo en Campania, en torno a Avellino y Benevento. De ella se obtiene un tinto con cuerpo, a menudo denominado el *Barolo del sud* (Barolo del sur) por su sabor intenso.

LA CULTURA DE LA BEBIDA

Arreglando el mundo con una bebida en la mano

En Italia, una bebida no es solo algo para beber. Es un indicador de tiempo, una oportunidad para reunirse con amigos, e incluso una manera de avisar al cuerpo de que es hora de comer. Hacer un descanso para disfrutar de una deliciosa bebida es un ritual diario, y encontrarse en un bar —para tomar un café antes del trabajo o un aperitivo al acabar la jornada— no es un pasatiempo, sino una costumbre en todo el país.

Por la mañana...

En las ciudades, tomarse el primer café del día –un expreso– en un bar se convirtió en costumbre en la década de 1880, tras patentarse la máquina de expreso en Turín. Comenzar la jornada con la necesaria dosis de café no es algo exclusivo de Italia, pero los italianos lo elevaron a un nuevo nivel, desarrollando un completo ritual que sigue considerándose sagrado. Solo hay que acercarse a la barra de un bar, pedir un café y tal vez un *cornetto* para acompañarlo, y disfrutar de ambos mientras se charla con los demás clientes. El tipo de café depende de la región, el momento del día y las preferencias personales, pero los italianos suelen evitar la leche por la tarde; pedir un capuchino después de las 11.00 provocará una mirada reprobatoria en el camarero y risas entre los locales. De hecho, los cafés con mucha leche son difíciles de encontrar. Y ni hablar de pedir café para llevar: el expreso se toma en la barra y el capuchino, en una mesa.

... y por la tarde

Los italianos toman diferentes bebidas a lo largo del día. El café abre la mañana, el aperitivo estimula el apetito y el digestivo remata las comidas y señala el final de la jornada.

El *amaro,* un licor aromatizado que se bebe solo, es el tipo de digestivo más habitual, aunque no siempre se tomó tras las comidas. Los monjes empezaron a destilar estos licores por sus propiedades medicinales, y los preparaban macerando hierbas, especias y cáscaras de cítricos en aguardiente. Se creía que tomar estos brebajes amargos después de comer facilitaba la digestión, y así nació la cultura del digestivo. En el norte se elabora una gran variedad de licores que ayudan a soportar el duro invierno, pero en cada región, cada localidad y en muchos hogares se destilan buenos *amaros.*

Al llegar la noche, es el momento de buscar un bar animado en una calle tranquila y disfrutar de una de las mejores partes de la cultura de la bebida de Italia. Basta con pedir una copa y sumergirse en la noche italiana.

EL CAFÉ EN TRIESTE

Los habitantes de Trieste –capital de la cultura del café en Italia– son conocidos por seguir estrictamente los rituales cafeteros del país, y disponen incluso de una terminología propia a la hora de pedir el café. El *capo in b*, por ejemplo, es un *macchiato* largo en vaso y el *gocciato* es un expreso con un chorrito de leche espumosa.

En sentido horario desde arriba a la izquierda
Un bonito café veneciano; *grappa*, otro digestivo típico; disfrutando de un café

CHETTA del VINO
NE WINDOW

HISTORIA

LAS VENTANAS DEL VINO

Cuando se ha paseado lo suficiente por Florencia, empiezan a distinguirse unos pequeños vanos en los muros de la ciudad. Son sus singulares *buchette del vino* (literalmente, «ventanas del vino»), cuya historia se remonta al siglo XVI. Con tamaño suficiente para pasar una botella, servían a las familias nobles para vender de forma discreta los excedentes de vino. La privacidad y seguridad que ofrecían estos ventanucos adquirieron un significado completamente nuevo durante la peste bubónica de 1630, cuando las *buchette* se convirtieron en una forma de evitar el contagio para vendedores y compradores. Se creía que el vino tenía propiedades medicinales, y la gente acudía a las ventanas con la esperanza de curarse con un vaso de esta bebida; solo tenían que tocar la campana, depositar el dinero en una bandeja y recibir una botella.

En la actualidad, se estima que hay más de 150 ventanas del vino en el centro de Florencia, y muchas más en toda la región de la Toscana. Con el paso del tiempo fueron cayendo en desuso y muchas se tapiaron, pero durante la pandemia de COVID-19 algunas recuperaron su función. Cuando Italia salió de su primer confinamiento, una *gelateria* abrió su *buchetta* para vender helados. Restaurantes y bares con ventanas en sus locales la imitaron, recuperando su uso por primera vez desde el Renacimiento. Para mantener viva esta tradición, solo hay que tocar la campana. ¡Salud!

«En la actualidad, se estima que hay más de 150 ventanas del vino en el centro de Florencia».

Izquierda Recibiendo una copa de vino a través de la ventana del Vivoli, en Florencia

VIDA SOCIAL

Se habla mucho de Caravaggio, el Coliseo, la deliciosa cocina de Italia y su belleza natural, pero la verdadera razón por la que todo el mundo ama este país quizás sea su manera de vivir. Enfocado en la comunidad, en la familia y en unas rutinas que no parecen en absoluto aburridas, el estilo de vida italiano resulta muy atractivo y captura la esencia de *la dolce vita:* disfrutar del presente. Por eso es tan importante para los italianos charlar con los vecinos en la *piazza,* celebrar la victoria del equipo de fútbol favorito o elegir los tomates más rojos y maduros que se encuentren en el mercado. Y también por eso llegar a los 90 no impide seguir caminando kilómetros a diario o ganar a los amigos en una partida de cartas en el bar local. Aprovechar la vida al máximo no es tener grandes aventuras, sino disfrutar de las pequeñas cosas, como los italianos.

LA UNIDAD FAMILIAR

Vínculos que definen la vida italiana

Decir que la familia es importante en Italia es quedarse corto. Dónde se vive, con quién se vive, los valores que se consideran fundamentales y los platos que se cocinan, en todo ello se percibe la influencia de padres, abuelos, hermanos, primos, tías y tíos. De hecho, incluso de primos y tíos segundos. Numerosa, hospitalaria y cariñosa, la típica familia italiana recuerda la importancia de la comunidad y el vínculo —¿y qué representa mejor *la dolce vita* que esto?—.

La familia extensa

Crecer en Italia a menudo significa tener a la familia cerca en todo momento, con lo que se puede aprender a elaborar pasta con la *nonna* (abuela) y dar *passeggiate* vespertinas con las tías y tíos. Esto puede llevar a compartir la casa con padres y abuelos, a residir en el mismo bloque que la familia extensa o, como mínimo, en la misma localidad. Vivir con parientes o cerca de ellos fomenta los lazos, los valores y las tradiciones familiares, y supone también un apoyo económico. Con la *nonna* cerca, los padres disponen de más manos para cocinar, limpiar y cuidar a los niños, algo esencial en un país sin salario mínimo a nivel nacional y donde suelen trabajar ambos miembros de la pareja. A cambio de esta intensa dedicación a la familia, los hijos cuidan de sus padres durante la vejez, por lo que trasladarse a una residencia es poco común.

Muchos italianos sienten la obligación de permanecer de por vida en su lugar de origen. Para no perderse los cumpleaños, las comidas familiares y los momentos importantes de la vida, evitan mudarse, ni siquiera para

---

Buon sangue non mente

La buena sangre no miente

Los apellidos sirven de garantía, especialmente en los negocios, ya que se afirma que si los padres son dignos de confianza, los hijos también lo serán. En Italia, el sentido del honor y la integridad están estrechamente vinculados a la familia.

buscar una educación mejor, una comunidad más abierta o una carrera más exitosa.

Por supuesto, no todas las familias italianas siguen esta estructura, especialmente en las zonas urbanas, donde los apartamentos son pequeños y no permiten convivir con otros parientes. Además, aunque la familia nuclear (padre, madre y al menos un hijo) haya sido la más habitual desde la antigua Roma, los hogares ya no son tan numerosos y uniformes como antes, ya que muchos italianos deciden adoptar una vida diferente a la de las fotografías en blanco y negro enmarcadas en las casas de sus abuelos.

Página anterior Un abuelo con su nieto **En el sentido de las agujas del reloj desde la derecha** Abuela y nieto en el jardín; padre e hijo; la familia extensa

CONVERSACIÓN CON

GRAZIELLA SABATINI

Sobre el papel de la *nonna* en la familia italiana

En la familia italiana, la *nonna* suele desempeñar un papel crucial —algo que Graziella Sabatini sabe de primera mano—. Nacida en Roma en 1947, Sabatini encabeza una familia matriarcal y, junto a su marido, ayuda a sus dos hijas, a su nieto Adriano y a su sobrino y sobrina (cuya hija es considerada una nieta más). Vive cerca de su extensa familia, con la que se reúne para ocasiones especiales —cenas navideñas, comidas de Pascua—, y también para recoger a los niños en el colegio. Como muchas *nonnas,* está presente tanto en los momentos importantes como en los cotidianos.

«Los abuelos son el corazón de la familia», afirma desde su casa en Roma. «Transmiten amor y brindan sentido de pertenencia, seguridad y continuidad». Los abuelos son muy importantes en toda Italia, pero Sabatini reconoce que existen diferencias regionales. «En el sur, los abuelos se mantienen integrados en el día a día de la familia. Hay que recordar que, económicamente, las cosas han cambiado: las escuelas infantiles solían ser casi gratuitas, pero ahora resultan muy caras». En las regiones más pobres del sur, el aspecto económico es un incentivo aún mayor para mantener a la *nonna* cerca *(p. 116).* La prestación mensual por hijo sigue siendo más baja en Italia que en otros países europeos, razón por la cual el papel de la familia extensa, y en especial los abuelos, es vital. Sabatini afirma que cuidar de la familia nunca le impidió trabajar fuera de casa: todas las mujeres Sabatini han compaginado sus empleos con las tareas domésticas. Sin duda, es una gran responsabilidad, pero ella asegura que el tiempo en familia «resulta más un placer que una obligación».

Sabatini señala también que el papel de la *nonna* ha cambiado en la sociedad moderna, a pesar de los estereotipos anticuados. «Los abuelos solían ser personas sin dientes y encorvadas. Ahora se mantienen activos, e incluso ¡montan en bicicleta!». Basta con observar a los ágiles octogenarios *(p. 136)* que viven por toda Italia para darse cuenta de que convertirse en abuelo ya no significa renunciar a una vida activa. Las cosas seguirán cambiando dentro y fuera de la familia, pero Sabatini sabe que algunos principios fundamentales permanecerán siempre. «En la familia lo importante son las relaciones, no solo la sangre; el amor y el apoyo que se construye con el paso del tiempo».

EN EL MAPA

DIALECTOS

Las familias y sus comunidades están unidas por la lengua que hablan, que varía de una zona a otra del país y puede ser tan diferente que resulte incomprensible para los hablantes de otras regiones. Si alguien dice que está *a quatt'e bastune* —sobre cuatro bastones— en Nápoles, los lugareños entenderán que está relajado; sin embargo, en la Toscana, esta expresión provocará una mirada confusa. Hay unos 200 dialectos en total, todos derivados del latín vulgar hablado en el Imperio romano, más tarde influido por siglos de aislamiento geográfico, invasiones e intercambios culturales. Estos son algunos de ellos.

Ligur

El ligur cobró auge en el siglo XX gracias al popular cantautor Fabrizio de André. La mayoría de los italianos conocen el término *carrugi,* que es el nombre que dan los ligures a los callejones. «Ecco che vieni nel mio caruggio!» («¡Ahora entras en mi *caruggio*!») es cómo dirían los ligures «¡Ahora me entiendes!».

Lombardo

El pueblo germánico de los lombardos cruzó los Alpes e invadió el noroeste de Italia, pero adoptó el dialecto latino local y solo dejó algunos recuerdos de su lengua, como la palabra *trincà* (beber).

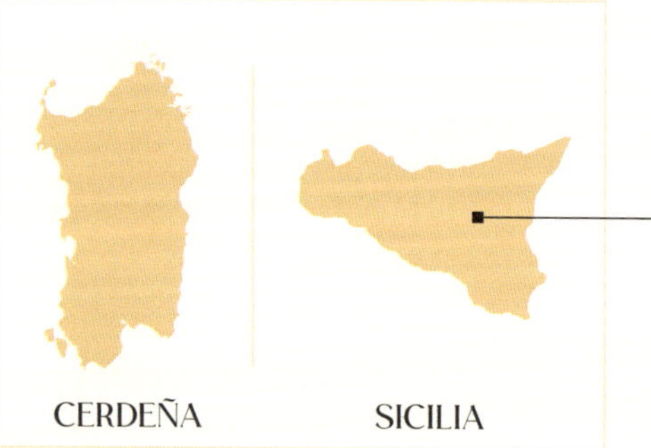

Siciliano

El siciliano es una combinación de varias lenguas, entre ellas latín, griego y árabe. De esta última derivan palabras como *azzizzari* (embellecer), del árabe *aziz* (querido). Cabe destacar que el siciliano carece de tiempo futuro, lo que podría explicar (o no) la famosa cultura relajada de la isla.

Veneciano

A este dialecto hay que agradecerle el italiano *ciao*, que deriva del saludo veneciano *s'ciào* (literalmente «soy tu esclavo», pero con el significado de «a tu servicio»). Abreviado a *ciao*, no tardó en extenderse por toda Italia, perdiendo su connotación servil.

Boloñés

El término boloñés *umarell* se aplica a los jubilados que pasan el tiempo deambulando por las obras, normalmente con las manos a la espalda y ofreciendo sugerencias no solicitadas a los obreros, un fenómeno común en toda Italia.

Florentino

Los florentinos tienen la costumbre de sustituir el sonido oclusivo *k* por una *h* aspirada, con lo que una frase como *una coca cola con una cannuccia* («una coca cola con una pajita») se transforma en una *hoha hola hon una hannuccia.*

Napolitano

Casi todos los napolitanos lo hablan, a menudo con más fluidez que el italiano. Este dialecto, uno de los pocos con cierto capital cultural, puede escucharse en las conocidas series *Gomorra* y *La amiga estupenda,* normalmente con subtítulos para el público al norte del Vesubio.

Romano

El romano, conocido por su ritmo trepidante y su original vocabulario, se popularizó gracias al trabajo de Zerocalcare, el dibujante de cómics más famoso de Italia. Optar por un *bella zi* en vez de un *ciao bella* provocará una sonrisa en Roma.

EL ARTE DE LA SOCIALIZACIÓN

Relacionarse a la italiana

Ya sea teniendo una conversación improvisada en un bar o intercambiando noticias con un vecino al pasar por la *piazza*, la comunidad es el centro de la vida cotidiana en Italia. La socialización sustenta cada aspecto del día a día, desde el primer expreso de la mañana hasta la *passeggiata* vespertina. Cuando se visita una población italiana por primera vez, puede llamar la atención hasta qué punto las relaciones sociales se desarrollan en público —y muy a menudo en voz alta—. Vecinos llamándose de ventana a ventana, jubilados contando anécdotas en un café y niños jugando en las esquinas: así es la vida en Italia.

Del foro al barrio

La interacción social, más enfocada en lo colectivo que en lo individual, está integrada en las infraestructuras italianas. Los romanos proyectaron muchas de sus ciudades como lugares fundamentalmente públicos, con foros, baños y anfiteatros diseñados para facilitar la vida en común. Arquitectos como Vitruvio prestaron gran atención al trazado del foro para asegurarse de que fomentaba la reuniones públicas: Vitruvio estableció que un espacio público debía ser lo bastante amplio como para acomodar a un grupo grande de personas, pero sin que su tamaño abrumara a otro más pequeño. Los romanos desarrollaron incluso un precursor del complejo de apartamentos, donde los ciudadanos vivían unos junto a otros.

Este propósito se mantiene en las localidades actuales, divididas en su mayoría en *quartiere* (barrios) más pequeños, cuyos habitantes muestran un fuerte sentido de pertenencia. En la bella ciudad toscana de Siena hay 17 barrios, cada uno con el nombre de un animal o un color. Entre muchos de ellos existen rivalidades de carácter amistoso, algunas

LA HISTORIA DE

Los *edicole* (quioscos de prensa)

Además de ser el lugar donde se compra el periódico, los quioscos de prensa *(edicole)* sirven de punto de encuentro a los vecinos para enterarse de las últimas noticias del barrio. Charlar unos minutos (o un buen rato) en un *edicola* es un hábito diario para muchos italianos, aunque ahora sean también tiendas dirigidas a los turistas en las que se venden billetes para el transporte público, juguetes, artículos de papelería, guías de viaje y recuerdos.

En el sentido de las agujas del reloj desde la izquierda Echando una partida de cartas; charlando en el *quartiere;* poniéndose al día con un *gelato* en Nápoles

INSPIRADO EN ITALIA

Lugares de encuentro

Muchas plazas modernas, como Times Square, Trafalgar Square o la plaza Roja, presentan la misma configuración que las *piazzas* italianas. Estos amplios espacios abiertos suelen tener una estatua o fuente en el centro, como la columna de Nelson en la Trafalgar Square de Londres, que se asemeja a la columna de Trajano en Roma. Al igual que esta plaza londinense, Times Square en Nueva York y la plaza Roja en Moscú sirven de punto de encuentro y espacio para eventos, y son el mejor lugar para contemplar a la gente.

La dolce vita

La buena vida

La expresión *la dolce vita,* popularizada gracias a la película homónima rodada por Federico Fellini en 1960, condensa la esencia del estilo de vida italiano: disfrutar, apreciar la belleza y valorar el momento presente. Si bien la película retrataba cómo vivía la élite de Roma, llamar a un amigo o pasar tiempo con la familia son actividades que representan hoy *la dolce vita.*

de las cuales se remontan a la Edad Media. El origen de cualquier enemistad real ha quedado olvidado en el tiempo, por lo que estas pugnas sirven únicamente para fomentar la camaradería.

Es raro que los italianos no conozcan a sus vecinos más cercanos. Este tipo de relaciones están basadas en el respeto mutuo y, aunque a la población le guste disfrutar de la vida al máximo —con encuentros que se pueden prolongar hasta la madrugada—, hay normas no escritas que regulan el *buon vicinato* (buena vecindad). Entre ellas se incluye no hacer ruido a partir de la medianoche y tender la colada solo en el espacio destinado a ello.

Pilares sociales

Dentro del propio *quartiere,* existen varios lugares donde la gente socializa. El humilde bar (tanto en las ciudades como en las localidades pequeñas) es fundamental. En este animado espacio comunitario los vecinos se ponen al día, se relajan y disfrutan de la compañía mutua; también es habitual que aparezcan barajas de cartas para echar unas partidas de *scopa* o *briscola.*

Más allá del bar, esta sensación de unión se percibe en la *passeggiata.* El objetivo de este paseo vespertino no es llegar a ningún destino —a menudo se camina sin rumbo fijo—, sino disfrutar del recorrido en sí. Podría considerarse un ejemplo del *dolce far niente* (el arte de no hacer nada), pero en el fondo es una forma de mantener el entramado social. Antiguamente, la *passeggiata* servía a los jóvenes, vestidos con sus mejores galas, para conocer a posibles parejas, pero hoy es una actividad que incluye a toda la comunidad. En la animada zona de Testaccio, en Roma, puede contemplarse una versión moderna de la *passeggiata* en todo su apogeo: jóvenes recorriendo bares, discotecas y locales de conciertos hasta altas horas de la madrugada.

Población mayor

Esto no quiere decir que los espacios comunes estén dominados por los jóvenes. En las zonas públicas de Italia suelen reunirse personas de todas las generaciones, desde niños hasta ancianos. La socialización es considerada un elemento fundamental para seguir en forma y conservar la salud durante la tercera edad. Aunque la presencia de ancianos en las *piazzas* y bares de Italia no debería sorprender, teniendo en cuenta que casi un cuarto de la población tiene más de 65 años —es el país con la edad media más alta de Europa—. Muchos de estos ciudadanos mayores se mantienen activos en sus círculos sociales, ya sea a través de encuentros matutinos con los amigos o saliendo por las tardes con la familia. La vida está estructurada en torno a la comunidad, y esto no cambia con la edad.

En el sentido de las agujas del reloj desde arriba a la izquierda Un momento de relax en Florencia; bulliciosa calle de Milán; tomando el aperitivo en un bar de Roma

HISTORIA

LA *PIAZZA*

Como suele ser habitual, todo empezó con los romanos. A medida que iban ascendiendo por el territorio italiano, los conquistadores trazaban en cada uno de sus asentamientos un amplio foro central: una plaza donde la población se reunía, compraba, hacía negocios, acudía a rezar e intervenía en política.

En la Edad Media, los arquitectos y urbanistas se olvidaron del foro, pero el Renacimiento volvió la mirada hacia la antigua Roma y este espacio urbano regresó con el nombre de *piazza.*

Hoy en día, la *piazza* es el corazón de toda población. Algunas conservan sus funciones originales, como la Piazza delle Erbe de Verona, emplazamiento de un mercado de verduras desde la Antigüedad. Otras se construyeron como demostración de poder político y religioso, como la Piazza San Marco de Venecia, que fue concebida para ser vista desde el mar; la Piazza del Duomo de Milán, que dirige la atención hacia la iglesia más grande de Italia; o la Piazza del Campidoglio, sede política de Roma, una imponente plaza (proyectada por Miguel Ángel) a la que se accede por una amplia escalinata. La *piazza* más perfecta tal vez sea la de Pienza, en el sur de la Toscana, que fue totalmente reconstruida por el papa Pío II como la *città ideale*, o ciudad ideal renacentista, en la que los edificios eclesiásticos y gubernamentales se distribuyen de forma armoniosa.

Pasados dos mil años desde la época del foro, las *piazze* de Italia siguen siendo espacios de encuentro para italianos y turistas. Algunas cosas no cambian.

«La *piazza* más perfecta tal vez sea la de Pienza, en el sur de la Toscana».

Izquierda Piazza delle Erbe, el antiguo foro romano de Verona

MERCADO TRADICIONAL

Una forma pausada de comprar y socializar

El estilo de vida italiano implica llevar un ritmo pausado y disfrutar de las cosas importantes, como el primer café de la mañana, un almuerzo relajado con los amigos, tiempo en la playa o ir al mercado. De hecho, las visitas al *mercato* forman parte de la estructura social de Italia.

Productos de cercanía

El supermercado impera en gran parte del mundo moderno. Para mucha gente, llenar la despensa significa hacer una visita frenética a un espacio donde las verduras, envueltas en plástico, parecen existir en un estado de constante madurez, como si ya no hubiera estaciones. Este modelo, sin embargo, resulta extraño para gran cantidad de italianos. Sobre todo en las poblaciones pequeñas, pero también en las ciudades, se sigue una rutina más pausada y ancestral que gira en torno al mercado diario o semanal. En las localidades grandes, puede haber mercado los siete días de la semana, mientras que las poblaciones más rurales tienen una jornada dedicada al mercado. Pero no hay nada nuevo en esta costumbre: el antiguo foro era donde los mercaderes vendían los productos más frescos de la región.

Abastecerse de alimentos en el mercado de productores es un acto fundamentalmente social. Los vendedores mantienen una relación cercana con los agricultores locales, y tienen un profundo conocimiento de lo que ofrece cada temporada. Los fines de semana o los días con mayor afluencia de público suelen unirse a los vendedores habituales los propios productores de la zona, asegurando así el suministro directo del campo a la cocina.

En una visita a un mercado se pueden escuchar afables conversaciones entre los vendedores y los clientes que buscan los mejores ingredientes. Y con solo echar un vistazo a un puesto se puede deducir la estación en la que se está —manteniendo, de este modo, la conexión con los ciclos naturales—. A finales de primavera, los puestos se llenan de fresas sicilianas, *agretti* (o barba de monje), habas y guisantes, mientras que en verano se encuentran dorados melocotones y una abundante cosecha de sandías.

Tesoros de época

Este ritmo pausado se extiende también a la forma de vestir. En Italia, la ropa de segunda mano está de moda. Gracias a los mercados de antigüedades y artículos de época —repletos de muebles

FERIA DE ANTIGÜEDADES DE AREZZO

La Feria de Antigüedades de Arezzo es el mercado al aire libre de este tipo más grande y antiguo de Italia. Se celebra el primer domingo de cada mes y asisten algunos de los mejores anticuarios del país.

de mediados del siglo XX, vajillas antiguas y percheros con ropa— muchos objetos pueden seguir en uso. Existen varios tipos de mercados de segunda mano, entre ellos los *mercati delle pulci* (con prendas económicas y baratijas) y los *mercati dell'antiquariato* (con antigüedades y singulares objetos más caros). Estos mercados permiten mantener el contacto con tendencias pasadas, lo que significa que son ideales para encontrar un Versace de la década de 1990 o un Prada como nuevo a precios muy interesantes. Por supuesto, esta manera de comprar es también sostenible; los objetos y prendas de calidad se fabrican para durar, por lo que los italianos rara vez tiran lo viejo para hacer sitio a lo nuevo. Y con ropa antigua tan elegante, ¿quién se resiste a añadir una prenda más al armario *vintage*?

Arriba Mercado de antigüedades en Bolonia
Derecha *Venditore* (vendedor) de productos frescos

FRUTTA E ORTAGGI FUNGILLO DI S. VARRIALE

■ ■ ■

En el sentido de las agujas del reloj desde la izquierda Frutas y verduras a la venta en Nápoles; alcachofas; puesto de comida callejera en Palermo; mercado de antigüedades en Bolonia

BIENESTAR Y SALUD

Sentirse bien con ayuda de la naturaleza

La expresión *fare bella figura* significa tener buen aspecto, causar una magnífica primera impresión. Pero no se refiere únicamente a la apariencia física, sino a una sensación general de bienestar personal, reconociendo que cuando alguien se siente bien por dentro proyecta una imagen más saludable por fuera. Desde tiempos inmemoriales, el *benessere* (bienestar) ha formado parte de la buena vida. Y hacerlo de manera natural —ya sea tomando baños en manantiales termales, bebiendo infusiones herbales o probando tratamientos de belleza con plantas— es una prioridad.

Influencia romana

Italia es tierra de volcanes, lagos en cráteres y manantiales termales, elementos que aprovecharon al máximo sus primeros pobladores. Los etruscos valoraban mucho las aguas termales y los romanos convirtieron los baños en un elemento importante de su entramado social. Todas las ciudades romanas disponían de termas con un itinerario que conducía a los usuarios desde las piscinas más frías hasta las más calientes, pasando por todos los estadios intermedios. Dos mil años después, poco —y a veces nada— ha cambiado. En Cavascura, en la isla de Ischia, es posible sumergirse en bañeras labradas por los romanos en rocas de los acantilados, y en Saturnia, en la Toscana, los visitantes se bañan en el mismo lago volcánico que los soldados romanos usaban cuando regresaban a su hogar tras la batalla.

Cultura termal

Las culturas posteriores siguieron el ejemplo de los romanos, pero los balnearios no tardaron en convertirse en un lugar frecuentado solo por ricos y poderosos. En el Renacimiento, los príncipes y papas popularizaron la idea

---

Buona salute è la vera ricchezza

La salud es la verdadera riqueza

Hay varios proverbios italianos que hablan de la importancia de la salud. Esta frase recuerda que un cuerpo y una mente saludables suponen mayor riqueza que el dinero y las posesiones materiales.

LA HISTORIA DE

La cultura herbal de Italia

En la mayoría de los países europeos se venden remedios herbales, pero el mercado italiano, con más de 50 000 productos disponibles, es uno de los que más rápido ha crecido en el continente. Los investigadores suelen sorprenderse de la eficacia atribuida a estos tratamientos. Diversos estudios han demostrado que los italianos se sienten mucho mejor tras tomar este tipo de remedios, en los que confían plenamente.

Página anterior Aguas termales de Saturnia, calentadas por un volcán toscano

En el sentido de las agujas del reloj desde arriba a la izquierda La histórica Santa Maria Novella Parafarmacia en Florencia; aguas termales de Sorgeto en Ischia; senderistas en un bosque de Emilia-Romaña

de que las termas eran un buen lugar para que la alta sociedad pudiera ver y ser vista. Y así fue durante siglos: la autora Mary Shelley visitaba con frecuencia el balneario del gran duque de la Toscana, ahora el hotel Bagni di Pisa, y el director de cine Federico Fellini filmó parte de su película *8½* en el complejo termal de Chianciano, en el sur de la Toscana.

Pero no se puede privar a la gente de algo bueno, así que los manantiales termales han vuelto a democratizarse. De hecho, se consideran tan beneficiosos que el sistema nacional de salud receta sesiones en *le terme* y en puntos (literalmente) calientes como la Toscana e Ischia, los balnearios atraen a numerosos visitantes.

La naturaleza toma la iniciativa

El uso de remedios naturales está muy arraigado en la cultura italiana. Las parafarmacias, donde se venden preparados herbales además de medicamentos convencionales, están presentes en todo el país, incluso en los principales hospitales. En el sistema de salud italiano, uno de los más avanzados de Europa, los médicos prescriben de vez en cuando infusiones o suplementos. Puede que estos remedios los aprendieran de la *nonna,* ya que en cada zona se usan unos distintos —desde las curas con limones para cualquier dolencia en la Costa Amalfitana, hasta los baños de heno, que supuestamente son buenos para las articulaciones, en los Dolomitas—.

Por su parte, las iglesias y monasterios ofrecen remedios y artículos de tocador elaborados por monjes, manteniendo así la tradición centenaria de los jardines herbales. Antiguamente, las comunidades religiosas designaban a un monje como herborista, que elaboraba preparados medicinales a partir de los recursos naturales del monasterio. Estos conocimientos sirvieron de base a las posteriores escuelas médicas, cuyos libros de texto se redactaron a partir del saber de los monjes cistercienses.

Al aire libre

No obstante, las pastillas —incluso las herbales— no son el único remedio que se usa en Italia. En este país cuidarse implica elevar las pulsaciones, a menudo haciendo ejercicio en extraordinarios paisajes. Si se pasa un fin de semana en cualquiera de sus regiones, lo más seguro es que se comparta la carretera con ciclistas en solitario o en grupo. Y es que Italia es quizás el destino más popular de Europa para ciclistas de todos los niveles. Caminar es otra actividad habitual. La *passeggiata* (paseo) vespertina por la localidad es un acto social y una manera de realizar algo de ejercicio antes o después de la cena. Y el senderismo por parques nacionales y regionales permite recorrer desde senderos costeros en Cinque Terre hasta caminos de montaña en el Parco Nazionale del Gran Paradiso.

Trabajar para vivir

Los italianos son muy activos, pero ascender colinas pedaleando es solo una de las alternativas para mantenerse saludable. En ocasiones, lo que recomienda el doctor es el *dolce far niente* —el arte de no hacer nada—. Este remedio se aplica sobre todo en los lánguidos meses estivales, cuando muchos negocios cierran —incluso los dirigidos al turismo, como restaurantes y tiendas—, a menudo todo el mes de agosto. ¿Para qué aprovechar la temporada alta de verano cuando se puede disfrutar de unas vacaciones? Los italianos trabajan para vivir, y no al contrario.

HISTORIA

LAS ZONAS AZULES

En la agreste y soleada Cerdeña sucede algo asombroso, y es que en ella vive una extraordinaria cantidad de centenarios, sobre todo en las arboladas provincias de Barbagia, Ogliastra y Nuoro. Esta isla es una de las cinco zonas azules del mundo: regiones cuya población vive más años y con mejor salud que la media global. El término zona azul fue acuñado por el autor e investigador estadounidense Dan Buettner en 2005, y Cerdeña fue la primera en ser identificada. Además de esta isla, Icaria en Grecia, la península de Nicoya en Costa Rica, Loma Linda en California y las islas de Okinawa en Japón han sido regiones a las que se ha prestado mucha atención en las últimas dos décadas por su inusual longevidad y calidad de vida. ¿Y cuál es su secreto? Lo que tienen en común todos estos lugares es una dieta a base de alimentos integrales, locales y principalmente vegetarianos, una actividad física regular, poco estrés y mucho tiempo de calidad al aire libre.

Las relaciones familiares y las comunidades locales también son importantes. Los mayores tienen un papel activo dentro de la familia, de modo que se mantienen ocupados y estén bien cuidados. Muchos sardos siguen viviendo en contacto con la naturaleza, cazando, pescando y cultivando sus alimentos, y también caminan varios kilómetros al día mientras realizan sus tareas. Pero en las zonas azules no todo son privaciones. El vino sardo *cannonau* es rico en antioxidantes y beber una copa (o dos) al día es algo habitual. ¿Quién dijo que para cuidarse haya que dejar de disfrutar?

«Muchos sardos siguen viviendo en contacto con la naturaleza, cazando, pescando y cultivando sus alimentos».

Izquierda Disfrutando de los años dorados de la vida

FESTIVALES Y EVENTOS

Una excusa ancestral para celebrar

Las numerosas fiestas y celebraciones de Italia unen el país con su rico patrimonio cultural, además de ofrecer una magnífica excusa para que familias y amigos se reúnan y disfruten de un buen rato juntos. Desde celebraciones con un claro significado religioso, como la Navidad, hasta fiestas regionales menos conocidas, como el Gran Carnaval de Crema en Lombardía, estos eventos representan los puntos álgidos del ajetreado calendario social italiano.

Homenaje a los santos

Dada su herencia católica, Italia cuenta con un amplio abanico de santos, cada uno vinculado a una región específica y con una festividad propia. El día del santo patrón de cada localidad es festivo, y los negocios y escuelas suelen cerrar para unirse a las celebraciones. Puede haber poblaciones contiguas con diferentes patrones, de modo que, mientras una paraliza su actividad comercial habitual, la otra la mantiene.

La práctica de conmemorar a figuras significativas en días específicos procede de la costumbre de honrar a los dioses en la antigua Roma. Los romanos tenían un calendario repleto de celebraciones religiosas que influyeron en la posterior organización de los días festivos en el mundo cristiano. Un elemento fundamental en estos eventos era el banquete, una tradición que se mantiene en las festividades de los santos. Las celebraciones cristianas se fijaron en fechas similares o próximas a las de fiestas paganas preexistentes, lo que facilitó la transición del paganismo al cristianismo en el siglo IV d. C.

Cada festividad tiene sus matices, por supuesto, pero todas implican algún tipo de actividad comunitaria. Por ejemplo, el día de San Juan (San Giovanni) en Florencia, que se celebra el 24 de junio, comienza con una procesión hasta el baptisterio de la ciudad, donde se encienden velas. Por la tarde, tienen lugar en la plaza mayor varios partidos de *calcio storico,* una combinación de fútbol y rugbi con 500 años de antigüedad. Y por la noche se lanzan fuegos artificiales en el centro, y las familias y los amigos se reúnen para disfrutar juntos y dar gracias. Las fiestas pueden ser más modestas o más extravagantes, pero la esencia es la misma en todo el país.

Una larga Navidad

La temporada navideña comienza el 8 de diciembre, día de la Inmaculada Concepción. Pocos países celebran la Navidad como los italianos, con una

En el sentido de las agujas del reloj desde la izquierda Desfile de Carnaval en Crema, Lombardía; noche navideña en Via del Corso, Roma; procesión católica en Nocera Terinese

SANGRE DE UN SANTO

A san Genaro, patrón de Nápoles, se le atribuye un curioso milagro. En una cripta del Duomo de la ciudad se guarda un vial con sangre seca del santo, que supuestamente se licua tres veces al año. Se considera un mal presagio si la sangre no se licua.

Natale con i tuoi, Pasqua con chi vuoi

Navidad con los parientes, Semana Santa con quien quieras

Incluso para los italianos que no son religiosos, la Navidad sigue siendo la fiesta más importante del año y se celebra normalmente en familia, como dicta la tradición. En cambio, la Semana Santa, sobre todo el Lunes de Pascua (la *pasquetta*), suele pasarse con los amigos.

mezcla de tradición y modernidad. En primer lugar, se decoran las casas y plazas de todo el país y se iluminan enormes árboles navideños. También se colocan belenes *(presèpi)* en iglesias y plazas, una tradición que inició san Francisco de Asís en 1223 al recrear por primera vez el nacimiento de Jesús con personas reales.

Lo habitual en muchos países es retirar las decoraciones y volver a la vida normal a principios de enero, pero no así en Italia. El 6 de enero se celebra la Epifanía, una festividad que mantiene el espíritu navideño con encuentros principalmente familiares. Este día conmemora el momento en el que Cristo se revela al mundo, simbolizado en la visita de los Reyes Magos a Jesús recién nacido. Es una jornada en la que las mesas se llenan de platos tradicionales y se intercambian regalos. El mercado navideño instalado en la Piazza Navona de Roma finaliza este día, y la Befana *(p. 25)*, a menudo representada como una bruja, visita la plaza para repartir caramelos a los niños.

Carnaval y Semana Santa

No tarda mucho en llegar la siguiente celebración importante: el *Carnevale* (Carnaval). El último evento festivo antes de que empiece la Cuaresma el Miércoles de Ceniza suele tener lugar a finales de febrero o principios de marzo. Por todo el país, la población disfruta de los bailes de máscaras y la música antes de los 40 días de ayuno, un período en el que los católicos renuncian, por ejemplo, a su comida favorita o el alcohol. El Carnaval más icónico es el de Venecia, en el que se muestran elaboradas máscaras. Antiguamente, la aristocracia usaba las máscaras para asistir de incógnito a las celebraciones, pero ahora son solo parte de la diversión.

Luego viene la Semana Santa. En Italia son típicos los dulces con forma de paloma *(colomba)*, y por supuesto los huevos de chocolate. Cada región tiene también sus propias tradiciones. En Florencia, cada Domingo de Pascua, desde hace 350 años, tiene lugar el *scoppio del carro*, o explosión del carro. Esta fiesta consiste en llenar un

LA HISTORIA DE

Sagra degli Agrumi

Una de las celebraciones más importantes de la primavera es la Fiesta de los Cítricos, que tiene lugar en Muravera, principal productor de cítricos de Cerdeña. A principios de abril, la población celebra el comienzo de la temporada del limón vistiéndose con trajes tradicionales y asistiendo al desfile de *etnotraccas* (carrozas decoradas), muchas de ellas con escenas de la historia de la isla.

carro con fuegos artificiales y se recorre por las calles de la ciudad hasta colocarse frente al arzobispo, quien lanza un pequeño cohete llamado *colombina* (símbolo del Espíritu Santo) para detonar el carro. Por sorprendente que parezca, cuanto más potente sea la explosión, mejor —se afirma que el estallido trae suerte—.

Tradiciones populares

No todas las celebraciones italianas son de carácter religioso. En las zonas rurales existen multitud de fiestas populares, muchas de ellas con siglos de antigüedad. Cada septiembre, el pueblo de Cannalonga, en las montañas del sur de Italia, celebra la Fiera della Frecagnola. Esta festividad surgió alrededor de 1450, coincidiendo con un mercado de ganado en el que los habitantes podían abastecerse de carne de buena calidad. Hoy en día, la feria reúne a músicos locales que interpretan canciones tradicionales y vendedores que ofrecen artesanías. Pero la fiesta popular más bella de Italia es quizás la Infiorata, una celebración que se remonta al siglo XIII. La tradición italiana de decorar las calles con alfombras de flores para recibir a la primavera nació en Genzano di Roma, una localidad próxima a Roma donde pueden contemplarse algunos de los despliegues florales más increíbles del país.

Festivales gastronómicos

Italia no sería Italia sin un calendario de fiestas gastronómicas. Las *sagre* de la antigua Roma eran celebraciones dedicadas a diferentes dioses que

Arriba Alfombras de pétalos en la Infiorata, Siracusa
Izquierda Mercado navideño en Vipiteno
Abajo Celebración del Carnaval en un canal de Venecia

concluían con un abundante banquete para los asistentes.

Hoy en día, resulta difícil encontrar un pueblo italiano sin su propia *sagra*, y también se celebran muchas de estas fiestas en las grandes ciudades. Aunque en ocasiones estén consagradas al patrón local, cada *sagra* se dedica siempre a un alimento o un plato típico de la región. En la Sagra del Pesce (Fiesta del Pescado) de Liguria, los habitantes preparan grandes cantidades de deliciosos productos del mar para agradecer la generosidad del océano, mientras que en el Festival de la Trufa de Alba, en el Piamonte, se pueden degustar distintos platos con trufa.

Arriba Celebración del Día Internacional de la Mujer en Roma

Celebraciones políticas

Los italianos prefieren los encuentros de carácter festivo, pero también les gusta conmemorar acontecimientos históricos o políticos relevantes. El 2 de junio se celebra la Festa della Repubblica, que recuerda el referéndum de 1946 en el que los ciudadanos votaron la abolición de la monarquía y la instauración de una república, dando paso a la Italia actual. En Roma, los actos se concentran en torno al monumento de Víctor Manuel II y la Piazza Venezia, donde se reúnen multitudes para ondear banderas, ver el desfile militar o simplemente disfrutar del animado ambiente. El plato fuerte son los Frecce Tricolori, el escuadrón de vuelo acrobático de la Fuerza Aérea italiana, que sobrevuela la ciudad lanzando humo verde, rojo y blanco.

Más recientemente, el Día Internacional de la Mujer se ha convertido en una gran celebración de la solidaridad entre mujeres. En Italia, es costumbre regalar ramos de mimosa, cuyas pequeñas flores amarillas simbolizan la resiliencia femenina. Las calles se llenan de grupos que festejan los logros históricos y reclaman un futuro más igualitario.

Eventos culturales

Además de las fiestas religiosas y tradicionales, que son sagradas, el calendario social incluye numerosos eventos culturales modernos. Puede que el más importante sea el Festival de la Canción de San Remo, el certamen musical televisivo más antiguo del mundo. Se celebra cada febrero en Liguria y sirvió de inspiración al Festival de la Canción de Eurovisión. En el ámbito cinematográfico, el Festival de Cine de Venecia, cuya primera edición tuvo lugar en 1932, es el más antiguo y uno de los más prestigiosos del mundo. Al igual que los santos, cada forma de arte tiene su día, lo que da lugar a infinidad de actividades artísticas y literarias. En Italia, toda causa, por pequeña que sea, merece una fiesta.

CONVERSACIÓN CON

ERICA FIRPO

Sobre el valor imperecedero de las fiestas tradicionales

La influencia del catolicismo resulta evidente en toda Italia: las imponentes catedrales reflejan el poder de la fe y los días dedicados a los santos representan un vínculo con el pasado. Sin embargo, a pesar de que la religión siga teniendo un papel destacado en algunos sectores de la sociedad, Italia se está transformando en un país cada vez más laico y poco a poco disminuye la cantidad de personas que acuden a la iglesia, especialmente los jóvenes.

Entonces, ¿por qué siguen tan vigentes las fiestas tradicionales? Erica Firpo es una periodista de viajes, autora y *podcaster* asentada en Roma. Ni su familia ni ella son católicos practicantes, pero siempre le ha fascinado el espectáculo de las festividades religiosas. «En Italia se entiende que es posible celebrar un evento religioso con alegría y espíritu comunitario, mientras que en otros lugares la diversión se olvida en este tipo de celebraciones», comenta. «Los italianos son capaces de mantener el elemento religioso sin caer en el melodrama».

La agenda de Erica, como la de muchos italianos, está repleta de celebraciones, incluidas desde onomásticas de los hijos de sus amigos hasta almuerzos de Semana Santa y fiestas navideñas. Da la impresión de que cada semana existiera una razón para reunirse. «Este domingo se festeja en Roma el Día de la Inmaculada Concepción de María y hay diversos actos por la ciudad. A las 7.00 de la mañana tiene lugar una procesión con los bomberos locales, que colocan una corona en la imagen de la Virgen. Acuden bandas de música y es tradición que el papa camine desde el Vaticano hasta la plaza mayor. Me encanta todo este ritual». Estas festividades abarcan todo el espectro desde lo grandioso hasta lo siniestro. «Siempre suele haber algún elemento macabro, ya que a menudo se está recordando a santos muertos. En la fiesta de Santa Rosalía, por ejemplo, se pasea en procesión una afligida imagen sobre lo que parece una cama con dosel, y luego está, por supuesto, la corona de espinas».

La extensa lista de celebraciones de Erica pone de manifiesto lo mucho que significan estos eventos para los italianos, incluso para aquellos sin un vínculo fuerte con la Iglesia. «Creo que estas fiestas son una magnífica excusa para reunirse y disfrutar de un espectáculo increíble. Me encanta la pompa, la solemnidad, pero sobre todo celebrar con la familia». Puede que el número de católicos devotos haya disminuido, pero las tradiciones siguen vivas.

EN EL MAPA

CELEBRACIONES

En las 20 regiones de Italia, apenas hay semanas en las que no se celebre alguna fiesta local o religiosa. Desde los días dedicados a santos hasta los carnavales centenarios, sin olvidar la infinidad de festivales gastronómicos, Italia tiene innumerables razones para festejar. Muchas de estas fiestas tradicionales son específicas no solo de una región, sino de una localidad, y se acompañan de determinados rituales y platos típicos. Estas son algunas de las mejores.

La Cavalcata Sarda, Sassari

El último domingo de mayo, la isla de Cerdeña acoge este maravilloso evento cultural, en el que los cantos polifónicos sirven de banda sonora a cientos de caballos al galope, espectaculares acrobacias y bailes tradicionales.

Festival de la Trufa, Alba

En el pueblo piamontés de Alba se celebra la Feria Internacional de la Trufa Blanca, famosa por sus subastas de trufas y degustaciones. Durante octubre y noviembre, este evento sirve de escaparate a un valioso producto que solo se encuentra en los bosques que rodean Alba.

Festival de San Remo

Este certamen, cuyo nombre oficial es Festival de la Canción Italiana, nació en 1951 para impulsar la revitalización de la ciudad costera de San Remo y sirvió de inspiración a Eurovisión. Se celebra cada año en febrero y reúne a artistas de diversos géneros.

Carnaval de Venecia

Cada febrero Venecia se llena de vida con los desfiles de Carnaval y su despliegue de elaborados disfraces y máscaras. La tradición de la Cuaresma data de la Edad Media, pero alcanzó su apogeo en el siglo XVIII. Durante el Carnaval, las panaderías se llenan de *galani* espolvoreados de azúcar, *frittole* y otros dulces fritos.

Calcio storico, Florencia

El *calcio storico* es una mezcla de fútbol y rugbi que nació en Florencia en el siglo XV. Cada verano, los cuatro barrios de la ciudad siguen practicándolo en un campo preparado en la gran Piazza Santa Croce, desde cuyas ventanas y balcones contemplan el espectáculo turistas y residentes.

La Befana, Umbría

En las regiones del centro del país, el 6 de enero está dedicado a la Befana *(p. 25)*, una bruja que reparte regalos como los Reyes Magos. En Urbania, considerada la localidad natal de la Befana, las celebraciones duran tres días.

Fiesta de la Uva, Marino

La localidad de Marino —próxima a Roma, en la región del Lacio— celebra una famosa Sagra dell'Uva (Fiesta de la Uva) el primer domingo de octubre. En ella se puede catar el marino, un delicado y delicioso vino blanco que solo se produce en esta región.

Palio di Siena

En julio y agosto, la antigua ciudad toscana de Siena acoge el Palio, una disputada carrera de caballos entre 10 *contrade* o barrios de la localidad. Desde el siglo XVII, la carrera se celebra alrededor de la Piazza del Campo, seguida de una fiesta en las calles que dura hasta la madrugada.

HISTORIA

EL FERRAGOSTO

Ya se sabe que donde fueres haz lo que vieres, pero en agosto a quien se imita en toda Italia es a los antiguos romanos. Muchos italianos se toman el mes de agosto libre, y las vacaciones de verano alcanzan su apogeo el 15 de este mes, cuando se celebra el Ferragosto. Esta fiesta tiene su origen en los *Feriae Augusti* del emperador Augusto, fundador del Imperio romano, que estableció un día de descanso el 1 de agosto para recompensar a los trabajadores al término de las cosechas. Esta antigua jornada libre se ha transformado en las actuales vacaciones de agosto, un período en el que los escaparates de las tiendas lucen carteles de *chiuso per ferie* (cerrado por vacaciones), los restaurantes reducen su horario o cierran, las oficinas dejan de funcionar y los italianos ponen rumbo a la playa.

Entre el reinado del emperador Augusto y la llegada de los correos electrónicos de «Fuera de la oficina», sucedieron muchas cosas. En primer lugar, la fiesta se cambió al día 15; al inicio de la Edad Media, la Iglesia dotó de significado religioso a la celebración y el papa Sergio I la trasladó al Día de la Asunción. Siglos después, el dictador Benito Mussolini introdujo los viajes en tren a tarifas reducidas en este día para ganarse el favor de la clase obrera.

En la actualidad, el período de descanso del Ferragosto es sagrado. Cierto es que, debido a las presiones modernas, cada vez menos italianos pueden tomarse libre todo el mes, pero aún suelen parar una o dos semanas en torno al día 15, en las que los más afortunados se marchan a sus casas junto al mar o en la montaña.

«Entre el reinado del emperador Augusto y la llegada de los correos electrónicos de "Fuera de la oficina", sucedieron muchas cosas».

Izquierda Disfrutando de un baño en la ciudad costera de Cefalù, Sicilia

EL ESPÍRITU DEPORTIVO

La experiencia compartida de un buen partido

Afirmar que el deporte es un gran cohesionador social puede parecer trivial, pero es que en Italia es así. Ver o practicar deporte con amigos y familiares resulta una experiencia fundamental para muchos, y los vínculos más fuertes se forjan a través de la competición amistosa. En cualquier localidad italiana se pueden encontrar niños jugando con un balón en una plaza, aficionados viendo un partido de fútbol en la televisión de un bar o jubilados jugando al *bocce* (petanca). Cada una de estas instantáneas es una pequeña muestra de la importancia del deporte en el país.

Tras la unificación en el siglo XIX, los patriotas italianos trataron de buscar algo que representara la *italianità*, un rasgo que capturara lo que significaba ser italiano. Un siglo después, muchos aseguraron haberlo encontrado: el deporte. El líder fascista Benito Mussolini reconoció su potencial para unir al país y lo convirtió en parte integrante de su ideología, creando la Academia Fascista de Educación Física en 1928. Incluso después de la Segunda Guerra Mundial, el deporte siguió siendo un importante recurso político; no es coincidencia que el antiguo primer ministro Silvio Berlusconi llamara a su partido Forza Italia, en referencia a un cántico futbolístico.

El deporte rey

En 1886, Edoardo Bosio regresó a su Turín natal totalmente cambiado. Había viajado a Inglaterra para robar secretos de la Revolución Industrial, pero volvió con algo mucho más valioso. Al organizar el primer partido de fútbol de Italia entre los trabajadores de una fábrica local, escribió la primera página de la historia del deporte nacional. No pasó mucho tiempo antes de que el juego inglés fuera completamente italianizado, rebautizado como *calcio* («patada», por el antiguo *calcio storico fiorentino*, un precursor medieval del fútbol) y convertido en vehículo del

LA HISTORIA DEL Genoa CFC

El Genoa CFC, el club de fútbol más antiguo de Italia, se creó en 1893. Fundado como Genoa Cricket & Athletic Club por expatriados ingleses, el equipo empezó compitiendo en atletismo, y el fútbol era solo uno de los deportes que practicaba. Pero ganó el primer Campeonato de Fútbol Italiano en 1897 y no tardó en convertirse en uno de los mejores clubes futbolísticos. Consiguió nueve campeonatos en total, el último hace más de un siglo.

MOMENTOS DESTACADOS DEL FÚTBOL

Década de 1400
Florencia inventa el *calcio storico.*

1886
Edoardo Bosio organiza el primer partido de fútbol de Italia.

1934
Italia gana su primera Copa del Mundo y cuatro años después, la segunda.

1963
El AC Milan se convierte en el primer club italiano que gana la Copa de Europa.

Década de 1970
Los *hooligans* del fútbol italiano provocan una década de violencia.

2021
Italia derrota a Inglaterra y gana la Eurocopa de 2020, pospuesta un año.

Página anterior Partido de fútbol con vistas **En el sentido de las agujas del reloj desde la derecha** Celebrando la victoria en el mundial de fútbol de 2006; a punto de lanzar la bola en una partida de *bocce;* Ferruccio Lamborghini al volante

orgullo nacional. Tras la creación de las ligas locales y una embrionaria selección nacional, el país ganó las copas del mundo de 1934 y 1938, tal vez una de las primeras veces que la recién unificada península se percibía como un todo.

Tras la Segunda Guerra Mundial, Italia se enfrentó a un período de profunda crisis y el fútbol ofreció una experiencia compartida que permitía olvidar las divisiones políticas, sociales y económicas del país. Los aficionados se reunían en los estadios y bares locales para animar a sus equipos, lo que fomentó la sensación de comunidad y pertenencia.

Por supuesto, el fútbol también ha desencadenado enfrentamientos. Las rivalidades entre clubes como el Juventus y el Inter de Milán son conocidas por su carácter violento, y la Serie A (la primera división del fútbol italiano) ha sido acusada de corrupción —acusaciones que

han salpicado a la clase política—. Pero todo esto forma parte del panorama futbolístico de Italia, donde este deporte se ha convertido en un símbolo nacional, similar a una nueva religión. El fútbol, admirado por su elegancia y sofisticación, así como criticado por su corrupción y dramatismo, está muy arraigado.

Tiros al aro

El fútbol no es lo único que une a los italianos. En muchas zonas del país, el baloncesto goza de la misma popularidad que el deporte rey, y la selección nacional de esta disciplina se incluye entre las mejores de Europa. Hay una localidad —Porretta Terme, cerca de Bolonia— que tiene incluso una capilla, la de la Virgen del Puente, dedicada a los jugadores de baloncesto. Los habitantes de esta localidad aprendieron a jugar con los soldados americanos durante la Segunda Guerra Mundial, y en la década de 1950 se convirtió en punto de referencia para el baloncesto femenino de Italia. Actualmente, acuden jugadores, entrenadores y aficionados de todo el país a rezar en su capilla, y el sacerdote local ha enviado una petición al Vaticano para reconocer a la Virgen del Puente como patrona oficial de los baloncestistas.

Deportes rápidos y lentos

Los deportes enérgicos no son los únicos que gustan en Italia. Mientras que los ingleses juegan a las bochas y los franceses a la petanca, los italianos se decantan por el *bocce*, un juego asociado a señores mayores con pipa y gorra plana. El objetivo es lanzar una bola y que quede lo más cerca posible de un boliche llamado *pallino* y situado en el extremo opuesto de la pista. Aunque en Italia lo practican principalmente los jubilados, conserva cierta relevancia en las comunidades italianas de América, donde se considera parte del legado de su país de origen.

En Italia, el deporte representa ambas caras de *la dolce vita:* vivir de forma pausada, como los abuelos del *bocce*, o con frenesí, como los amantes de la velocidad que convirtieron Italia en pionera de la Fórmula 1. Aunque Francia, Gran Bretaña y Estados Unidos partieron con ventaja, fueron las llanuras agrícolas de Emilia-Romaña las que emergieron como paraíso del automovilismo. Muchos protagonistas de este deporte, como Enzo Ferrari *(p. 172)* y Ferruccio Lamborghini, provenían de familias de agricultores y conocían la mecánica de los tractores y otras máquinas pesadas. Junto a Maserati, Ducati y Pagani, se instalaron en una pequeña zona entre Bolonia y Módena conocida como la *terra dei motori* (la tierra de los motores).

Deportes de invierno

Sobre las llanuras se eleva un exuberante paisaje montañoso, territorio ideal para los deportes invernales. En algunas regiones italianas, como Trentino, los niños nacen prácticamente con unos esquís en los pies y en invierno suelen esquiar después del colegio. Italia ha participado en todos los Juegos Olímpicos de Invierno y ha ganado más de 100 medallas. Buena parte de ellas las han conseguido deportistas de la provincia de Alto Adigio, de habla predominantemente alemana, como Armin Zöggeler —el Michael Jordan del luge—, que compaginó el éxito internacional en el deporte con su trabajo de policía. En Italia, el deporte implica pasión, orgullo y comunidad, y por eso gusta tanto a los italianos.

MODA Y DISEÑO

Es innegable que Italia es un país fascinante, y no solo por sus bellos paisajes. A lo largo de los siglos, los italianos han desarrollado un estilo propio que el resto del mundo no ha podido resistirse a adoptar. Y es que Italia es la cuna de algunas de las marcas de moda más conocidas —como Versace, Gucci y Prada— y ha creado prendas icónicas, entre las que se incluyen las sandalias de gladiador y los trajes exquisitamente confeccionados. Pero la artesanía y el diseño impecable no se limitan a la ropa, sino que se extienden a todo, ya sea el caleidoscópico cristal de Murano, los elegantes coches de Enzo Ferrari o la deslumbrante arquitectura contemporánea de Renzo Piano. En cuanto al arte, los maestros del Renacimiento crearon algunas de las obras más importantes del mundo, pero los artistas italianos actuales han dejado atrás los querubines y los claroscuros para decantarse por un estilo audaz e increíblemente diferente, máxima expresión de la destreza artística. En cualquier lugar de este bello país, se encuentra siempre algo que llama la atención.

ARTESANÍA

Siglos de historia elaborada a mano

La góndola que recorre los canales de Venecia; la jarra que decora la mesa de un restaurante en Apulia; las chaquetas de cuero que lucen los florentinos —todas ellas fabricadas artesanalmente— son una representación del rico patrimonio cultural de Italia. Si se viaja por cualquiera de las 20 regiones del país, se pueden encontrar artesanos tradicionales e innovadores que emplean técnicas con milenios de historia.

Legado florentino

La tradición artesanal italiana se remonta a la Antigüedad, época en la que zapateros, orfebres, alfareros y tintoreros elaboraban productos para la venta. Sin embargo, la actividad artesana no estuvo regulada oficialmente hasta la Edad Media, cuando se crearon gremios *(arti)* para establecer los estándares de cada oficio. Una de las ciudades más influidas por estos gremios fue Florencia, donde se convirtieron en parte integrante de la sociedad y la economía.
A partir del siglo XII, la familia Médicis, que gobernaba la ciudad, invirtió mucho dinero en los gremios para asegurarse de que Florencia siguiera contando con los mejores artesanos de Europa. Cada oficio ocupaba una zona de la ciudad: los orfebres martilleaban en Santo Spirito (antes de ser trasladados al Ponte Vecchio), los curtidores se concentraban a orillas del Arno y los talleres se repartían por el barrio de Oltrarno.

Artesanías regionales

Florencia era conocida por la calidad de sus productos y la destreza de sus artesanos, pero casi todas las regiones del país desarrollaron sus artesanías. Murano, por ejemplo, es sinónimo de cristal. Gracias a sus *maestri vetrai* (maestros vidrieros) y a un infatigable gremio, esta diminuta isla se hizo con el monopolio de las creaciones artesanales en vidrio y cristal. También ayudó que los gobernantes de la República de Venecia decidieran en 1291 aislar a los *vetrai* en Murano para mantener en secreto las técnicas que empleaban.

El valle de Aosta, una región alpina en el noroeste de Italia, ha sido desde

LAS MARCAS

En el siglo XIII, los artesanos de Las Marcas perfeccionaron el arte de la fabricación de papel con la introducción de fibras de algodón. Los productores de papel de la localidad de Fabriano empezaron a incluir ciertos diseños entre las fibras de la trama y la urdimbre para crear marcas de agua propias.

antiguo hogar de hábiles carpinteros. La *grolla*, un cáliz de madera con elaboradas tallas, es un símbolo muy querido de la región. Y Valenza, en el norte del Piamonte, ha sido el núcleo de la joyería de alta gama desde el siglo XIX. Sus delicados engarces de oro son su especialidad.

Lo importante son los detalles

En el Renacimiento, la artesanía empezó a transformarse en una forma de arte. Varios maestros escultores de los siglos XV y XVI se formaron en oficios como la orfebrería, de los que aprendieron técnicas y principios de diseño. Lorenzo Ghiberti, el aclamado escultor florentino que proyectó las puertas de bronce del baptisterio de la ciudad, fue uno de ellos, al igual que Donatello, en cuyo *David* de bronce se inspiraría Miguel Ángel para su propia obra maestra. Este legado se mantiene vivo en la ciudad, donde orfebres locales y extranjeros crean en sus talleres piezas de oro y plata que combinan tradición y estética contemporánea.

Artesanía en el hogar

La expresión artística llega también a los artículos del hogar. En la Toscana, los Abruzos, Umbría y Cerdeña se ha hilado desde antiguo lana, con la que se fabrican desde telas de alta calidad hasta alfombras y mantas tradicionales. Uno de los diseños más peculiares es el de los *pibiones* de Cerdeña, un tipo de tejido con formas geométricas en relieve.

La cerámica también es algo más que una mera decoración. Los emblemáticos tejados de terracota de Florencia, por ejemplo, se crearon empleando técnicas milenarias para la fabricación de azulejos desarrolladas por los etruscos. Este es un país que plasma su orgullo en cada jarrón, guante o tejado, y en el que los artesanos elaboran sobre la tradición y maestría de generaciones anteriores. En Italia, si no es bello, no merece la pena hacerlo.

Arriba izquierda Bordado de Asís, Umbría
Arriba derecha Alberto Conserotti, maestro vidriero de Venecia

Settimio
LINCE
117
RIA
S
QUESTO ESERCIZIO RESTA
MERCOLEDI

HISTORIA

LOS *INSEGNE*

En los bulliciosos mercados de la antigua Roma, las tiendas necesitaban destacar. Y para ello surgieron los *insegne,* unos rótulos que indicaban los servicios que se ofrecían. A diferencia de los indicadores de las calles (más formales y con palabras en latín), los carteles de las tiendas mostraban símbolos (martillos para los herreros, panes para los panaderos...) comprensibles para la plebe, en su mayoría analfabeta.

Siglos después, las tiendas medievales seguían luciendo motivos de inspiración romana. A menudo colgados de los edificios o pintados en las fachadas, los carteles incluían tallas y colores vivos para atraer a los clientes. Con el paso del tiempo, los *insegne* se convirtieron en verdaderas obras de arte, con elaborados diseños sobre bases de cerámica. En el Renacimiento, arquitectos y artistas contribuyeron a aumentar el atractivo visual de las ciudades italianas, y a finales del siglo XIX y principios del XX, se expandió por toda Europa el movimiento *art nouveau.* Se popularizaron las líneas fluidas y la tipografía elegante, un estilo que adoptaron ciudades como Milán y Turín.

Hoy en día, los centros urbanos de Italia suelen mostrar una interesante combinación de estilos tradicionales y contemporáneos. En Roma, la Via dei Fori Imperiali y el Foro Romano conservan restos de antiguas inscripciones, y el centro de Turín cuenta con cientos de ejemplos de tipografías contemporáneas.

«Hoy en día, los centros urbanos de Italia suelen mostrar una interesante combinación de estilos tradicionales y contemporáneos».

Izquierda Tipografía moderna en la fachada de Trattoria Settimio, en Roma

ITALIA Y LA MODA

Mucho más que Milán

Italia ha aportado mucho al mundo de la moda: marcas de lujo como Gucci y Prada, la Semana de la Moda de Milán, un tipo de sastrería con mucha tradición. Desde los elegantes y discretos trajes de Armani hasta los recargados estampados de Pucci, la moda italiana es increíblemente diversa y se basa, por supuesto, en un trabajo artesano de calidad y en la visión pionera de sus diseñadores.

Los orígenes de la industria

La elegancia con la que visten los italianos podría parecer innata, pero lo cierto es que las mentes brillantes del país llevan mucho tiempo perfeccionando un estilo propio. En el siglo XVI, Baldassare Castiglione publicó *El libro del cortesano*, un manual para convertirse en el cortesano ideal. Este autor acuñó el término *sprezzatura*, aplicado a esa actitud relajada que aporta naturalidad a cualquier actividad que se realiza. En pocas palabras, describe al caballero italiano cuya elegancia parece natural.

Varias décadas antes de este libro, la industria textil italiana empezó a despegar. La familia Médicis amasó parte de su fortuna gracias al comercio textil, lo que impulsó el florecimiento del arte en el Renacimiento. Los Médicis desarrollaron una relación perfecta entre creatividad y riqueza: cuanto más arte se producía, más se refinaba la estética italiana y más gente deseaba los artículos elaborados con los textiles que la familia manufacturaba. Y así se desarrolló el elegante estilo italiano.

El comercio textil y los oficios asociados a él sentaron las bases para que Italia se convirtiera en capital de la moda, pero hubo que esperar al siglo XX para que otros sectores se

La bella figura

Buena impresión

Los italianos dan mucha importancia a la *bella figura*, una expresión con matices que se pierden en su traducción al español. Una *bella figura* no es tanto causar buena impresión como ofrecer lo mejor de uno mismo; es comportarse de una manera adecuada para cada ocasión, aportando un toque personal.

LA HISTORIA DE

La etiqueta «Made in Italy»

Considerada sinónimo de calidad, la etiqueta «Made in Italy» (Hecho en Italia) se utiliza desde la década de 1980 para garantizar que un producto ha sido diseñado, fabricado y empaquetado en Italia. Aunque asociada a la moda, se usa oficialmente en cuatro industrias conocidas como las cuatro Aes: *Abbigliamento* (ropa), *Agroalimentare* (alimentación), *Arredamento* (mobiliario) y *Automobili* (automóviles).

unieran. El denominado «milagro económico italiano», una época próspera que alcanzó su apogeo a principios de la década de 1960, dio lugar a la imagen glamurosa que hoy se asocia a los italianos. Tan solo una década antes de los excesos de *la dolce vita,* el país seguía recuperándose de la Segunda Guerra Mundial y su economía era en gran medida agraria. La rápida industrialización del norte, con la aparición de fábricas emblemáticas como Fiat y Vespa, generó riqueza e impulsó la demanda de artículos de lujo.

Al mismo tiempo, la industria cinematográfica italiana alcanzó su edad de oro y dejó huella en la moda. Películas como *Vacaciones en Roma* (1953), con una coqueta Audrey Hepburn y un sofisticado Gregory Peck, y *La dolce vita* (1960), repleta de personajes elegantes, llevaron el glamur italiano a todo el mundo.

El auge de las casas de moda

La tarea de vestir con elegancia a las estrellas de cine recayó en casas de moda italianas como Prada y Gucci. Pero estos emblemáticos diseñadores empezaron siendo negocios familiares. En 1921, Guccio Gucci fundó en Florencia la casa de moda que lleva su nombre. Inicialmente fabricó artículos de piel, como bolsos de viaje, con técnicas tradicionales de la marroquinería florentina. Sus hijos continuaron con la elaboración de bolsos varias décadas, y añadieron elementos (por ejemplo, asas de bambú) que atrajeron a actrices como Elizabeth Taylor y Grace Kelly. La marca alcanzó su apogeo en la década de 1990, cuando el legendario diseñador Tom Ford asumió el papel de director creativo y estilizó los diseños minimalistas y elegantes de Gucci. Ford se centró en la imagen global de la marca y mejoró su presencia en las pasarelas, al tiempo que pulió su llamativa ornamentación a base de lentejuelas, abalorios y bordados. El logotipo de la doble G se convirtió en sinónimo de alta costura italiana.

Prada también empezó fabricando artículos de piel a principios del siglo XX, y su éxito se debe en gran medida a la nieta del fundador, Miuccia Prada. Defensora de los derechos de las mujeres en la década

Página anterior Elegancia italiana en un desfile de moda en Florencia, 1959

Abajo Modelos desfilando con la colección de Gucci para la temporada otoño/invierno de 2024-2025

Derecha arriba A la entrada de un desfile en la Semana de la Moda de Milán

Derecha abajo Elegancia milanesa

de 1970, trabajó de manera incansable para perfeccionar el estilo de Prada, empleando por primera vez el color característico de la marca, el denominado verde Prada. Bajo su dirección, los diseños vanguardistas y los materiales innovadores de Prada no tardaron en encontrarse en tiendas de Londres, Madrid, Tokio y París.

Epicentro de la moda

Prada es inseparable de su ciudad natal: Milán. Cuando se piensa en la moda italiana probablemente venga a la mente la bulliciosa capital lombarda, sede del famoso barrio comercial Quadrilatero. Pero el camino recorrido por Milán hacia el estimulante mundo de la alta costura fue completamente distinto al de Florencia, donde el sector de la moda se desarrolló a partir de los gremios de artesanos *(p. 154)*.

PRIMER DESFILE DE MODA

En 1951, el diseñador Giovanni Battista Giorgini acogió en Villa Torrigiani, su residencia florentina, el primer desfile de alta costura, un evento clave para la industria.

Arriba Giorgio Armani junto a modelos en una pasarela

En 1865, Luigi y Ferdinando Bocconi abrieron una tienda en la Via Santa Radegonda de Milán con un concepto nuevo: vender prendas ya confeccionadas. Los clientes podían entrar y probarse chaquetas o pantalones en varias tallas, sin necesidad de sastre. Al año siguiente, la tienda contaba con un centenar de trabajadores que confeccionaban trajes de hombre listos para llevar. Los hermanos abrieron luego uno de los primeros grandes almacenes de Italia, Aux Villes d'Italie. Milán no tardó en hacerse un nombre no solo por diseñar prendas magníficas, sino también por venderlas en tiendas lujosas. La alta costura y el éxito comercial aportaron abundante riqueza a esta ciudad centrada en los negocios.

En la década de 1950, la Camera Nazionale della Moda Italiana, fundada para impulsar y proteger la moda y el diseño italianos, creó la Semana de la Moda de Milán. Este evento se convirtió en una de las principales citas del calendario internacional, y en un escaparate perfecto para los diseñadores de la ciudad, como Giorgio Armani y Gianni Versace. En primavera y otoño, todos los ojos del mundo de la moda están pendientes de Milán.

Más allá de las marcas

La moda italiana no siempre ha estado restringida a las grandes marcas; en las décadas de 1970 y 1980 las prendas no necesitaban la etiqueta de un diseñador para considerarse elegantes. La ropa de calidad es muy apreciada en Italia y puede encontrarse tanto en pequeñas sastrerías —a menudo gestionadas por la misma familia durante décadas— como en las mejores *boutiques*. En este sentido, a pesar del ritmo frenético de la industria, la moda del país ha cambiado muy poco y sus señas de identidad siguen siendo el estilo, la calidad y la maestría.

Sin embargo, fuera de las fronteras italianas el mundo de la moda está cambiando, se da cada vez más importancia a la fabricación rápida y los diseños basados en tendencias. Desde fuera, podría parecer que los diseñadores italianos tienen que adaptarse a esta nueva dinámica o corren el riesgo de quedarse estancados en estilos anticuados. Pero lo cierto es que la elegancia atemporal de Italia y la volubilidad de la moda llevan mucho tiempo conviviendo. Da la impresión de que el futuro de la moda italiana no tiene nada de oscuro, como los típicos estampados de Pucci o Missoni.

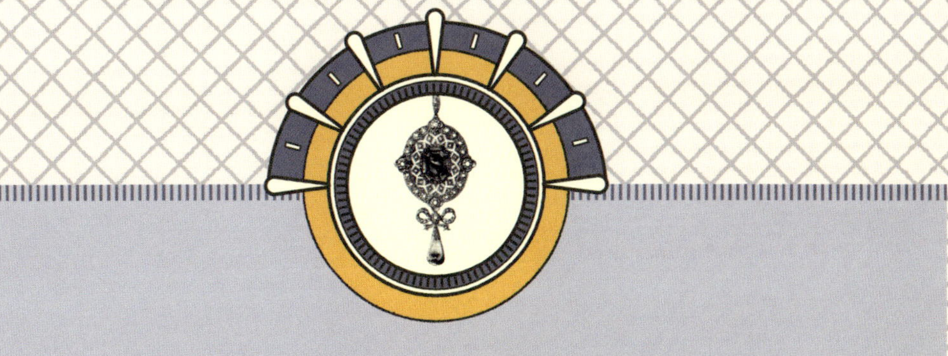

CONVERSACIÓN CON

ANGELA CAPUTI

Sobre la hermosa joyería elaborada en Florencia

Durante más de 50 años, Angela Caputi ha elaborado joyas en su taller próximo al histórico Ponte Vecchio de Florencia. La ciudad cuenta con una larga tradición de artesanos de renombre *(p. 154)*, un legado que Caputi trata de mantener vivo. «La historia de los joyeros del Ponte Vecchio se remonta a finales del siglo XVI», cuenta desde su taller, ubicado en un grandioso edificio del siglo XVII. «A lo largo de muchos años, los joyeros y orfebres florentinos han ido mejorando su destreza y sus técnicas; me enorgullece que mis creaciones sean la expresión de un oficio, y que, además de ser "Made in Italy", verdaderamente son "Made in Florence"».

Las creaciones de Caputi han desfilado por algunas de las pasarelas más importantes del mundo, y también han cautivado al entorno de las bellas artes. Por ello, tan probable es encontrar sus llamativos collares y pulseras de formas geométricas expuestos en el Museo degli Argenti o el Palazzo Pitti de Florencia como en una pasarela.

Pero ¿en qué se inspiran sus piezas? «Cada joya es la expresión de un estado de ánimo o un sentimiento», explica. «Cuando una mujer elige una de mis joyas, creo que revive esas sensaciones a su manera». Aunque sus estilos y técnicas son variados, Caputi es conocida por trabajar con resinas sintéticas de fabricación italiana, un material que le permite conseguir los colores intensos y las formas suaves que le han dado fama. Cada una de sus piezas presenta un color y una personalidad propios, lo que ha animado a prestigiosos directores de cine y televisión a elegir las joyas de Caputi para caracterizar sus personajes. «He colaborado con diseñadores de vestuario para películas y series italianas y extranjeras. Es maravilloso ayudarlos a dar vida a sus creaciones; hay mucho trabajo detrás, casi se podría hablar de un estudio del personaje».

De cara al futuro, le gustaría «mantener vivo el oficio» al tiempo que continúa innovando. «Comencé en 1975, cuando en Italia era muy difícil que una mujer —y más si es una sola— lograra crear algo exitoso que sintiera como suyo; pero con fuerza, determinación, pasión y mucho esfuerzo, he llegado hasta aquí». Caputi no tiene intención de abandonar el taller próximamente, ya que algunas de sus mejores creaciones están aún en proceso. La escena artesanal de Florencia está en buenas manos.

EN EL MAPA

ICONOS DE LA MODA

Las tendencias van y vienen, pero hay básicos de la moda italiana que son eternos. Y lo son por algo. Prendas como las sandalias de gladiador, las gorras *coppola* y las chaquetas de cuero se han ido perfeccionando poco a poco a lo largo de los siglos, y esto es precisamente lo que más importa a los italianos amantes de la moda. Estas son algunas de las piezas fundamentales para seguir su ejemplo.

Bolso de Prada, Milán

Prada, la icónica casa de moda milanesa, lanzó sus bolsos de nailon en la década de 1980 pero ahora ha actualizado su característica estética con la moderna colección Re-Nylon.

Coppola, Sicilia

Cuando Michael Corleone se esconde en Sicilia en *El padrino* (1972), aparece ataviado con una *coppola*. Estas gorras planas fueron introducidas en la isla a finales del siglo XIX por visitantes ingleses adinerados.

Chaquetas de cuero, Florencia

Quien visita Florencia quiere llevarse una chaqueta de recuerdo. La industria de la piel y las curtidurías resurgieron en el siglo XX cuando Guccio Gucci conquistó el mercado de las maletas de lujo.

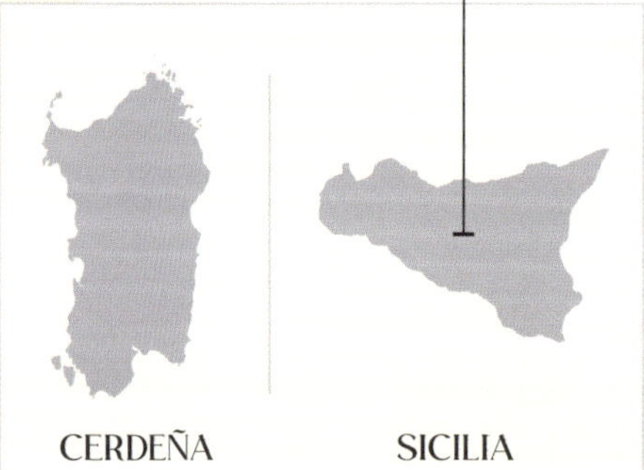

Zapatillas de terciopelo, Friul-Venecia Julia

Estas elegantes zapatillas, también conocidas como *friulane*, tienen un toque sofisticado que oculta su humilde origen (solían fabricarse con retales).

Sombreros de fieltro, Trentino-Alto Adigio

En esta región la utilidad prevalece siempre sobre la estética, y la función del sombrero de fieltro es proteger del duro clima alpino. Hoy en día, se ven más sombreros de ala ancha en las ciudades que en las zonas rurales.

Chaqueta desestructurada, Nápoles

Si un *gentiluomo* italiano luce al mismo tiempo distinguido y relajado, probablemente sea por su traje napolitano. Esta prenda, confeccionada sin hombreras y con tela transpirable, es la máxima expresión del estilo elegante informal.

Pantalones capri, Capri

La diseñadora alemana Sonja de Lennart inventó los pantalones capri a finales de la década de 1940, inspirándose en la isla italiana. Estos pantalones a media pantorrilla no tardaron en conquistar a muchas famosas en la década de 1950.

Sandalias de gladiador, Roma

Lleven tiras finas atadas hasta media pierna o correas más gruesas, las sandalias de gladiador abarcan todos los estilos, del informal al más moderno. Su origen se remonta a las antiguas *caligae* que usaban los soldados romanos.

HISTORIA

LA SASTRERÍA ITALIANA

Al igual que gran parte de la producción creativa del país, la sastrería italiana —un oficio muy vinculado a los *sartori* (maestros sastres) de Nápoles— tiene su origen en el Renacimiento, aproximadamente entre los siglos XIV y XVII. Junto a un sólido comercio textil, la demanda de prendas elegantes pero sobrias por parte de la aristocracia impulsó la aparición de sastres especializados en las ciudades. De gran importancia fue la fundación en 1351 de la Confraternita dell'arte dei Giubbonai e Cositori (Hermandad de Fabricantes de Chaquetas y Sastres) de Nápoles, considerada la asociación de sastrería más antigua de Italia, que trabajaba para los reyes y nobles europeos. Las primeras generaciones desarrollaron técnicas que más tarde se perfeccionaron y, en algunos casos, se sistematizaron para establecer una rigurosa normativa que guiara el arte de la sastrería.

Pero estas técnicas no surgieron de la nada; los sastres italianos siguieron muchas pautas de otros colosos de la elegancia, los británicos. Con el paso del tiempo, y especialmente en el siglo XIX, cuando la sastrería napolitana cobró auge, la escuela italiana se apartó de la rigidez anglosajona en aspectos importantes —hombros con menos estructura, telas más ligeras y siluetas que favorecían el movimiento—. Hoy en día, la demanda de trajes napolitanos está superando la capacidad de los *sartori* cualificados de la ciudad, y es que se necesitan décadas para dominar el oficio. El estilo relajado de los italianos se compone de una parte de misterio, dos partes de sol mediterráneo y tres partes de puntadas perfectas.

«La escuela italiana se apartó de la rigidez anglosajona en aspectos importantes».

Izquierda Sastre napolitano trabajando

ITALIA SOBRE RUEDAS

Cómo Italia llevó el arte a las carreteras

El gusto de Italia por el diseño no se limita al mundo de la moda. Los principales diseñadores automovilísticos del país se han asegurado de que los coches y las motocicletas no sean solo medios de transporte, sino obras de arte mecánicas. Desde los ferraris que compiten en los circuitos de Fórmula 1 hasta las vespas que recorren las colinas toscanas, los vehículos son una representación del estilo y la libertad italianos.

De Fiat a Ferrari

La revolución automovilística de Italia comenzó a finales del siglo XIX con la pequeña compañía Fabbrica Italiana Automobili Torino, más conocida como Fiat. El empresario turinés Giovanni Agnelli soñaba con impulsar la recién unificada Italia hacia el futuro y, para él, el transporte era lo que uniría el país tanto física como emocionalmente. En 1899 nació Fiat, una compañía que empezó a producir automóviles asequibles en una línea de montaje similar a la de la empresa estadounidense Ford. A principios de la década de 1920, Fiat era el motor económico e industrial de Italia, y su innovadora fábrica de Lingotto se convirtió en pionera del sector en Europa. Este edificio de cinco plantas albergaba todo el proceso de fabricación, desde el diseño y la producción hasta las pruebas en el circuito de la azotea. En 1936, Fiat sorprendió al país con su primer coche, el 500 Topolino.

En Emilia-Romaña, los diseñadores estaban menos interesados en los coches utilitarios y más centrados

«Il secondo è il primo dei perdenti».

«El segundo es el primer perdedor».

Existen varias versiones de esta cita atribuida a Enzo Ferrari. A lo largo de su dilatada carrera, el diseñador plasmó su implacable espíritu ganador en una serie de frases. En las entrevistas, mostraba una actitud encantadoramente brusca y resumía su larga carrera diciendo: «Construyo motores y les añado ruedas».

en los deportivos de lujo. En la década de 1920, ingenieros y pilotos como Enzo Ferrari *(p. 173)*, los hermanos Maserati y Ferruccio Lamborghini sintieron la llamada de la velocidad y se propusieron diseñar vehículos que batieran récords en carreras de toda Europa. Bolonia, Módena, Maranello, Imola y la zona circundante no tardaron en transformarse en el Valle del Motor, un centro de producción de coches y motocicletas de alto rendimiento donde se encontraban algunas de las marcas automovilísticas más famosas del mundo, como Ferrari, Lamborghini, Maserati, Ducati, Dallara o Pagani. Estos vehículos, con motores de gran potencia y bellos diseños, se incluyen entre los más emblemáticos del mundo.

Transporte diario

La practicidad continuó siendo una característica indispensable, sobre todo tras la Segunda Guerra Mundial, cuando el país necesitaba más que nunca un transporte asequible. En este momento entró en escena Enrico

Arriba Orgulloso propietario de un Fiat 500
Derecha El Maserati GT 2000 Alemanno, fabricado en 1956

VEHÍCULOS ITALIANOS DESTACABLES

1936
Se pone a la venta el Fiat Topolino, uno de los coches más pequeños del mundo.

1947
El 125 S, el primer coche de Ferrari, debuta en el circuito de carreras de Piacenza.

1957
Lanzado como sucesor del Topolino y el Fiat 600, el Nuova 500 toma las calles.

1967
Se presenta a bombo y platillo el Ferrari 365 GTB/4, conocido como Daytona.

1968
La nueva Vespa Primavera encarna la libertad de la cultura juvenil de Italia.

1980
Se presenta el Fiat Panda, un utilitario de forma cuadrada. Se deja de fabricar en 2003.

2015
Livia Cevolini, la primera mujer CEO del mundo del motor, lanza la Energica Ego, una motocicleta eléctrica.

IIIIIIIIII

En el sentido de las agujas del reloj desde arriba a la izquierda En escúter por las calles de Bari, en Apulia; Ferrari 458 Italia en la Piazza della Scala de Milán; Audrey Hepburn conduciendo una Vespa en *Vacaciones en Roma;* Ferrari 250 GT Europa, un deportivo emblemático

INSPIRADO EN ITALIA

Superdeportivos Pagani

Durante su infancia en Argentina, Horacio Pagani soñaba con diseñar coches de carreras como los italianos. En 1992, Pagani lanzó Pagani Automobili, fabricante de los superdeportivos más exclusivos del mundo. Construidos en Módena, el Pagani Zonda y el Huayra son famosos por su fabricación artesanal.

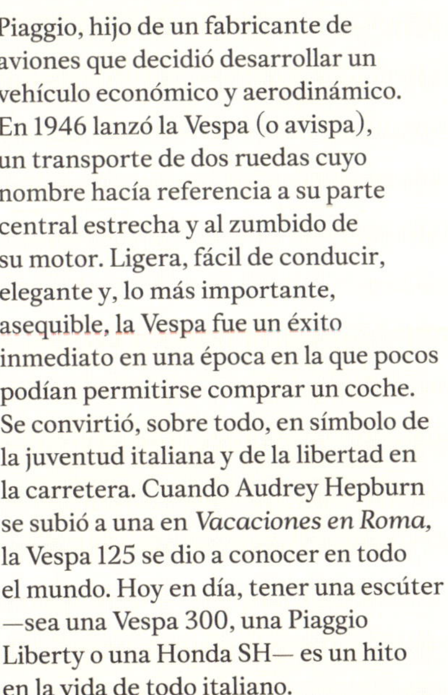

Piaggio, hijo de un fabricante de aviones que decidió desarrollar un vehículo económico y aerodinámico. En 1946 lanzó la Vespa (o avispa), un transporte de dos ruedas cuyo nombre hacía referencia a su parte central estrecha y al zumbido de su motor. Ligera, fácil de conducir, elegante y, lo más importante, asequible, la Vespa fue un éxito inmediato en una época en la que pocos podían permitirse comprar un coche. Se convirtió, sobre todo, en símbolo de la juventud italiana y de la libertad en la carretera. Cuando Audrey Hepburn se subió a una en *Vacaciones en Roma,* la Vespa 125 se dio a conocer en todo el mundo. Hoy en día, tener una escúter —sea una Vespa 300, una Piaggio Liberty o una Honda SH— es un hito en la vida de todo italiano.

La innovación continúa

La belleza, la velocidad y la practicidad no han perdido importancia, pero Italia lidera ahora el campo de la sostenibilidad. Los fabricantes del Valle del Motor están apostando por el uso de materiales locales, reciclados y regenerados como la fibra de carbono y por la producción artesanal de vehículos. Energica tomó la iniciativa en 2015 con la Energica Ego, la primera moto eléctrica de alto rendimiento del mundo. Rápidamente se unieron compañías como Pininfarina, que diseñó superdeportivos rápidos y sostenibles, y empresas emergentes como Aehra, que quiere demostrar que Italia puede fabricar coches de lujo sostenibles. En 2026, Ferrari se unirá a esta revolución con el lanzamiento de su primer vehículo completamente eléctrico, iniciando una nueva era en la que la marca apostará por la innovación sin sacrificar la velocidad y el lujo. Como decía Enzo Ferrari, «el mejor Ferrari es siempre el próximo».

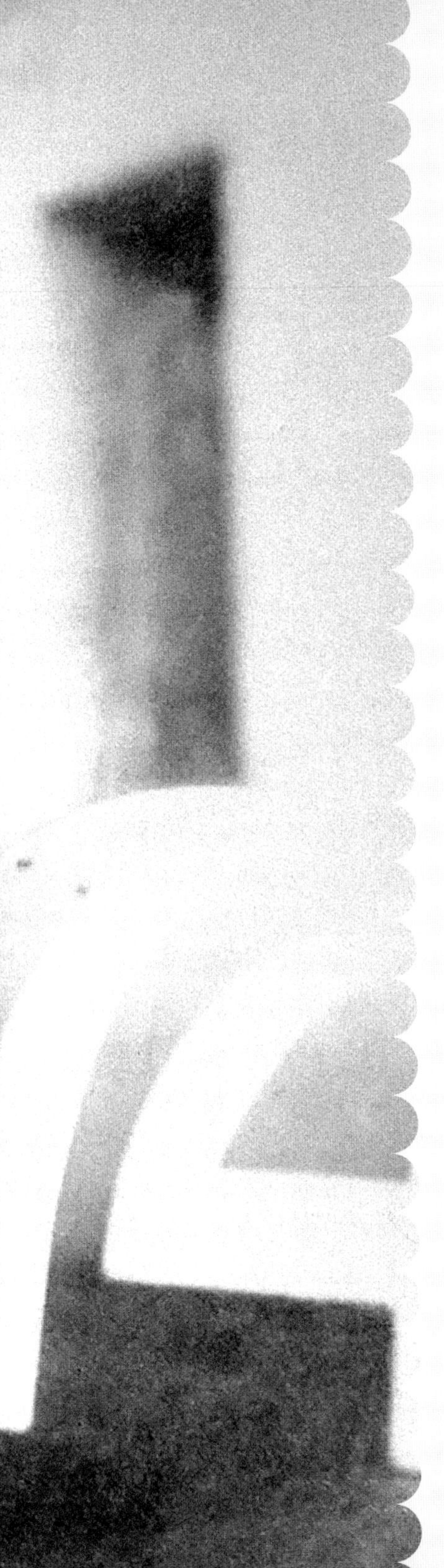

HISTORIA

ENZO FERRARI

Existen pocas figuras en el mundo del automovilismo tan admiradas como Enzo Ferrari (1898-1988), *Il Commandatore*. Nació en Módena y de joven ayudó en el taller de su padre, donde nació su fascinación por la mecánica de los coches rápidos. Mientras sus compañeros jugaban al fútbol o estudiaban para los exámenes, él pensaba en alternadores y sistemas de refrigeración. En 1919 consiguió su primer trabajo en Costruzioni Meccaniche Nazionali de Turín, primero como probador y luego como piloto de carreras. El éxito en los circuitos le concedería más adelante cierta ventaja sobre sus rivales en el sector, ya que él había vivido las carreras tanto desde la pista como desde el taller.

Pronto comenzó a colaborar con Alfa Romeo, donde fundó su equipo de carreras, la Scuderia Ferrari, y adoptó el logotipo más icónico en el mundo de los coches de lujo: el *cavallino rampante*. Poco después, Ferrari y su equipo empezaron a diseñar sus propios vehículos, comenzando por el legendario 125 S en 1947. Este modelo —del que solo se construyeron dos unidades— incluía muchas de las características distintivas de la marca: una carrocería elegante, un potente motor V-12 y el característico color rojo. En tres años el equipo estaba compitiendo en Fórmula 1, y a partir de 1950 participó en todos los campeonatos, de los que ganó más de 200. Fuera de los circuitos, el espíritu emprendedor de Enzo Ferrari convirtió su compañía en una de las marcas más exclusivas. Aunque falleció en 1988, el caballo rampante sigue vivo como un símbolo universal (muy elegante) del éxito automovilístico.

«Existen pocas figuras en el mundo del automovilismo tan admiradas».

Izquierda Enzo Ferrari en su 40-60 HP Alfa Romeo de 1920

ARTE CONTEMPORÁNEO

Insuflando nueva vida al panorama artístico italiano

Cuando se piensa en la contribución de Italia al arte, se suele volver la mirada a los períodos renacentista y barroco, con su abundancia de artistas y obras maestras. Pero reducir la producción artística italiana a la de siglos pasados es perder una parte esencial de la historia creativa del país. Desde los experimentos conceptuales de posguerra hasta el vibrante arte callejero, los artistas contemporáneos han influido en el debate sobre el arte, la identidad y la política, igual que lo hicieron Rafael y Leonardo.

Hacia el futurismo

La escena artística contemporánea de Italia empezó a consolidarse durante el período de agitación política y social de principios del siglo XX. En 1909 se publicó el *Manifiesto futurista* del italiano Filippo Tommaso Marinetti, texto que inauguró un movimiento social, artístico y arquitectónico *(p. 182)* cuya intención era superar todo lo antiguo en favor de la innovación, la tecnología y la velocidad. Marinetti consideraba opresivo el peso del pasado, una postura que no tardaron en secundar artistas como Giacomo Balla, Gino Severini y Umberto Boccioni. A punto de estallar la Primera Guerra Mundial, los futuristas abogaron por un mundo de motores y máquinas de guerra, con la tecnología como fuerza agresiva que conduciría a la humanidad hacia el futuro. Una obra que ejemplifica a la perfección este movimiento es la impactante *Formas únicas de continuidad en el espacio* (1913) de Boccioni, una peculiar escultura humanoide congelada en movimiento. La figura, sin brazos ni rostro, presenta líneas curvas y fluidas, como un extraño híbrido entre hombre y máquina. Esta pieza marcó el punto álgido del futurismo, antes de que dos guerras mundiales cambiaran el arte italiano para siempre.

Traspasando límites

Para lidiar con la devastación económica, emocional y artística tras la Segunda Guerra Mundial, los artistas se alejaron de la visión agresiva y tecnológica de los futuristas y exploraron nuevos temas políticos y metafísicos dentro de un mundo que había cambiado por completo.

El movimiento de posguerra más radical fue *arte povera* (arte pobre), que surgió en la década de 1960 como desafío a la mercantilización de la cultura. Con el fin de perturbar la industria del arte, estos artistas emplearon materiales cotidianos (madera, telas, tierra e incluso

En el sentido de las agujas del reloj, desde la izquierda *Formas únicas de continuidad en el espacio; Venus de los trapos;* obra de arte visual de Marinetti

«Todo movimiento artístico provoca una reacción opuesta en el siguiente».

Izquierda *Most Ghost Post*, un dinámico óleo de Sandro Chia
Derecha El artista italiano Francesco Clemente, figura clave del movimiento de transvanguardia

basura) en obras cínicas, satíricas y a menudo absurdas. Lucio Fontana convulsionó el elitista mundo de las artes plásticas con su *Concepto espacial. Espera* (1958), un lienzo en blanco con cortes verticales, mientras que Michelangelo Pistoletto continuó la rebelión con su *Venus de los trapos* (1967/2023), una serie de instalaciones con esculturas famosas junto a enormes pilas de trapos sucios. Aunque el momento más icónico fue tal vez cuando Piero Manzoni creó su *Mierda de artista* (1961), una pieza con 90 latas que (supuestamente) contenían sus propios excrementos. Como las grandes obras de arte, cada lata alcanzó un valor elevado.

Todo movimiento artístico provoca una reacción opuesta en el siguiente, como el Renacimiento en el Barroco. Así, en la década de 1970, los impulsores del movimiento de transvanguardia respondieron al supuesto cinismo del *arte povera* alejándose del arte conceptual. Algunos artistas pensaban que rechazar el pasado no implicaba rechazar la diversión del arte visual, como Sandro Chia, Francesco Clemente y Enzo Cucchi, que exploraron la identidad humana en sus fascinantes cuadros. *Las 14 estaciones* (1980) de Clemente combinaban el simbolismo religioso con las formas abstractas y los colores vibrantes. Y Sandro Chia pintó enormes lienzos, como *Most Ghost Post* (1987), con colores vivos y formas que crean un animado mundo onírico. Sus grandes obras eran un recordatorio del placer de pintar.

Hacia el futuro

Al final del siglo XX, los nuevos soportes y tecnologías impulsaron formas de arte visual completamente originales. La artista Vanessa Beecroft empezó a crear «cuadros vivientes» a través de *performances.* Su vídeo-cuadro *VB01* (1993) incluía 30 mujeres casi inmóviles que compartían el *Libro de la comida,*

de la artista, un diario en el que Beecroft documentó su lucha contra la bulimia.

Con el paso de las décadas, los artistas se volvieron cada vez más audaces y el gusto artístico fue cambiando. Uno de ellos fue Maurizio Cattelan, conocido como el chico malo del arte italiano. Su obra incita al espectador a cuestionarse la desoladora realidad del mundo moderno, al tiempo que se ríe de ella. La provocativa escultura *L.O.V.E.* (2010), una enorme mano haciendo una peineta a la Bolsa de Milán, es un buen ejemplo de ello. Como no podía ser de otra manera, la obra se encuentra en el corazón del barrio financiero de Milán.

Sin embargo, los artistas más críticos con la sociedad actual han sido los que han tomado las calles en el siglo XXI. La creación de grafismos ha tenido un papel fundamental en la escena artística italiana desde que los primeros *graffito* cubrieron los muros de la antigua Roma, y hoy muchas ciudades del país sirven de lienzo a destacados artistas callejeros. No hay entradas, reglas ni límites para disfrutar del trabajo de OZMO, un artista milanés que recicla imaginería del Alto Renacimiento, o Alicè (Alice Pasquini), que crea enormes murales figurativos y pequeños estarcidos en los que explora las relaciones, las emociones y la feminidad. Sin importar la década ni el género, el arte contemporáneo de Italia avanza apoyándose en el pasado, pero mirando hacia el futuro. Siempre habrá un lugar para Miguel Ángel y Caravaggio en el canon italiano, pero mientras haya un muro en el que trabajar, los nuevos artistas seguirán presentando batalla a los antiguos maestros.

Arriba *L.O.V.E.*, de Maurizio Cattelan, en la Piazza degli Affari de Milán

CONVERSACIÓN CON

ALICE PASQUINI

Sobre el floreciente arte callejero italiano

«Empecé a pintar en la calle porque me agobiaba el concepto del arte en Italia», comenta la reconocida artista callejera Alice Pasquini desde su base en Roma. La sombra de los grandes maestros italianos se cierne sobre los artistas jóvenes: después de todo, este es el país de Leonardo y Miguel Ángel. Buscando liberarse del sofocante mundo de las galerías clásicas, Pasquini sacó su talento a las calles. «Me topé con el grafiti en el momento perfecto. Me liberó del academicismo», explica.

Por supuesto, el arte callejero no es nuevo en Italia. Los rótulos que salpican las calles de Pompeya demuestran que los artistas plasmaron su creatividad en las paredes desde los tiempos de la antigua Roma. Pero hoy en día los creadores como Pasquini están impulsando una nueva tradición artística fundamentalmente democrática. Ella comenzó pintando pequeños murales con espray en la capital italiana, pero su trabajo puede encontrarse ahora en paredes y lienzos de más de 100 ciudades del mundo.

Según Pasquini, el mejor arte callejero es el que se integra en el espacio que ocupa. Para ello hay que prestar atención tanto a cuestiones técnicas —usar «el entorno, la forma y el color del muro»— como culturales —con obras que capturen los rasgos de la comunidad—. «Siento una gran responsabilidad cuando pinto en la calle: ¿quién va a ver mi trabajo? ¿Quién se encontrará con él a diario? Pienso en la religión y en la cultura del lugar». Pocos proyectos capturan la filosofía de Pasquini como el festival que fundó, el CVTà Street Fest. En 2014 recibió una invitación para pintar en Civitacampomarano, antiguo hogar de su abuelo. Al regresar al pueblo donde había pasado los veranos de su infancia, encontró un lugar deteriorado y despoblado; sus habitantes habían huido en masa debido a la falta de oportunidades. Así que hizo lo que mejor sabe: reunir a amigos y vecinos para realizar pequeños murales y pinturas.

Tras una década, Civitacampomarano ha revivido con la llegada de nuevos habitantes y el regreso de viejos conocidos. El primer festival callejero se celebró en la localidad en 2016, y se ha repetido año tras año desde entonces gracias al trabajo de artistas y voluntarios locales. «El pueblo vuelve a estar vivo», afirma Pasquini, mientras piensa en la próxima edición del festival. «Esto es un proyecto personal y colectivo. El arte callejero cobra importancia a través de la gente, ese es su poder».

EN EL MAPA

ARTE CONTEMPORÁNEO

Los Uffizi y los Museos Vaticanos son mundialmente conocidos, pero Italia cuenta con muchos otros espacios dedicados al arte. La Galleria Nazionale de Roma, por ejemplo, sigue siendo la columna vertebral de la escena artística italiana, sin embargo entidades pioneras como la Galleria Lia Rumma de Nápoles, eventos famosos como la Bienal de Venecia y espacios como el MAXXI de Roma son los que impulsan el arte contemporáneo del país.

Fondazione Prada, Milán

La fundación creada por la diseñadora de moda Miuccia Prada y su marido Patrizio Bertelli ocupa un espacio muy llamativo. En las diferentes zonas de esta antigua destilería de ginebra transformada en complejo vanguardista se reparten diversas muestras provocadoras junto a la colección permanente.

Fondazione Sandretto Re Rebaudengo, Turín

Esta fundación acoge la colección de Patrizia Sandretto Re Rebaudengo, la principal coleccionista de arte contemporáneo de Italia, además de otras magníficas exposiciones.

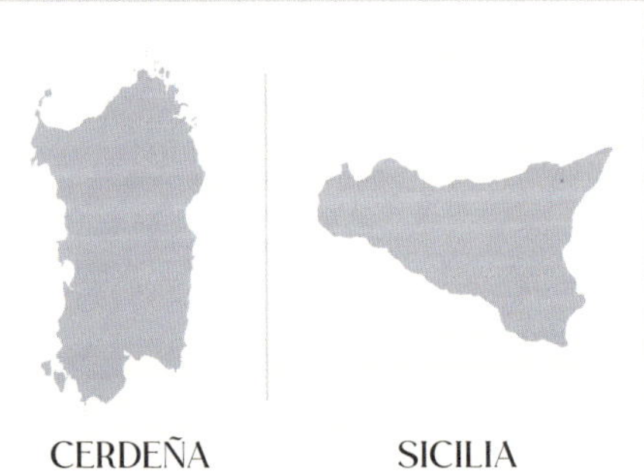

Pinacoteca Agnelli, Turín

La familia Agnelli, fundadora de Fiat, posee una excelente colección de arte que está expuesta en la planta superior de su antigua fábrica de coches. Aquí se puede encontrar arte de los siglos XVIII a XX.

Biennale di Venezia

La Bienal de Venecia, una las exposiciones de arte más prestigiosas del mundo, se celebra en dos espacios: el Giardini della Biennale y el Arsenale, donde tienen lugar las grandes muestras colectivas.

Galleria Continua, San Gimignano

La emblemática galería de Lorenzo Fiaschi es uno de los espacios artísticos más prestigiosos de Italia, con obras de iconos como Daniel Buren, Antony Gormley y Mona Hatoum.

La Galleria Nazionale, Roma

A unos pasos del parque de Villa Borghese se encuentra el palacio neoclásico que alberga la colección nacional italiana de arte moderno y contemporáneo, distribuida de forma no cronológica.

Galleria Lia Rumma, Nápoles

Esta galería fundada en 1971 ha impulsado la carrera de gigantes del arte como Joseph Kosuth y Mimmo Jodice, y ha presentado en Italia el trabajo de estrellas internacionales como Marina Abramović.

MAXXI, Roma

Este icónico espacio futurista fue proyectado por Zaha Hadid en 2009. Su colección dedicada por completo a obras del siglo XXI ha colocado a Roma en el mapa del arte contemporáneo.

ARQUITECTURA MODERNA

Construyendo para el futuro

Tras la unificación de Italia en 1871, el país necesitaba algo nuevo. Los arquitectos proyectaron edificios audaces —prescindiendo de los adornos de sus antecesores— para el futuro del país. Pero no ha resultado fácil ignorar el peso del increíble patrimonio arquitectónico italiano. Hoy en día, la arquitectura tiene la responsabilidad de crear estructuras modernas que honren el pasado de Italia al tiempo que innovan. No es una tarea sencilla, pero está generando resultados increíbles.

Avanzando con el modernismo

En los albores del siglo XX, los arquitectos buscaron nuevos materiales para sus proyectos. Con las nuevas tecnologías (y una buena cantidad de hormigón), nació el modernismo y se extendieron por toda Italia las líneas simples, la estética industrial y los diseños minimalistas. El ejemplo más famoso de este movimiento tal vez sea la fábrica Lingotto de Fiat, en Turín. Este edificio rectangular de 500 metros de largo, diseñado por Giacomo Mattè-Trucco, albergaba la fábrica y las oficinas de la compañía. Su estructura de hormigón armado ofrecía un aspecto impresionante, pero lo más destacado era la pista de 1 kilómetro de su azotea, donde se probaban los coches fabricados en la parte inferior. Este icono del modernismo fue elogiado por arquitectos como Le Corbusier, e incluso apareció en la película *Un trabajo en Italia* (1969).

Los arquitectos italianos no tardaron en desarrollar su propia versión del estilo modernista, un movimiento artístico que ganaba terreno en Europa durante el siglo XX. Encabezado por el denominado Gruppo 7, el racionalismo combinó elementos clásicos de la antigua Roma con los enfoques audaces del futurismo para crear la imagen de la Italia moderna. Este movimiento estaba vinculado a las ideologías fascistas vigentes en la época, y contó con el apoyo del dirigente Benito Mussolini, que financió muchos de sus proyectos. Edificios como la Casa del Fascio (antigua sede del Partido Nacional Fascista en Como) y el barrio EUR de Roma (con amplios bulevares y edificios con columnas) son claros ejemplos de las ideas fascistas plasmadas en la arquitectura.

Modernidad de posguerra

Con el fin de la Segunda Guerra Mundial, empezó una nueva era para la arquitectura italiana. Las ciudades estaban en ruinas y los arquitectos tenían la responsabilidad social de

LA HISTORIA DE
Gio Ponti

La Italia de mediados del siglo XX no sería la misma sin Gio Ponti (1891-1979). Este visionario arquitecto, diseñador y artista dio un enfoque nuevo al modernismo y revolucionó el diseño con su habilidad para combinar elegancia y funcionalidad. Entre sus principales trabajos se incluyen la torre Pirelli de Milán (un enorme edificio acristalado) y su icónica silla Superleggera (muy apreciada por los diseñadores de interiores).

ARQUITECTURA ITALIANA DESTACABLE

1916-1923
Giacomo Mattè-Trucco diseña el Lingotto, la gran fábrica de Fiat en Turín con un circuito en la azotea.

1937-1942
Giovanni Guerrini, Ernesto Bruno La Padula y Mario Romano proyectan el Colosseo Quadrato y el barrio EUR de Roma.

1930
Se crea la Città Metafisica de Tresigallo, un ejemplo de ciudad utópica.

1938-1940
El arquitecto Adalberto Libera proyecta la Casa Malaparte en estilo modernista en Capri.

reconstruirlas. Surgieron numerosos proyectos de viviendas en los que se priorizó la funcionalidad, ya que su objetivo era combatir la pobreza urbana. Sin embargo, la devastación también impulsó el renacimiento de la experimentación. Las ciudades arrasadas se convirtieron en lienzos en blanco donde los arquitectos podían imaginar nuevos espacios habitables para el mundo surgido de la guerra. Gio Ponti, creador de la torre Pirelli de Milán, ganó reconocimiento con su innovador uso de los materiales y su gusto por el vidrio. Y Carlo Scarpa llevó la experimentación al límite; su cementerio Brion tiene un aspecto tan futurista que sirvió de localización en *Dune: Parte dos* (2024).

Un período internacional

La arquitectura italiana siguió desarrollándose en la década de 1990 y en los inicios del siglo XXI gracias a proyectos de arquitectos nacionales e internacionales —con presupuestos acordes a sus extraordinarios diseños—. Estos edificios se oponían completamente a la típica imagen de Italia como un lugar con bonitas iglesias y coliseos. El italiano Renzo Piano abrió camino con diseños revolucionarios como el Parco della Musica (1994-2002) en Roma y el túnel del viento de Ferrari (1997) en Maranello, unas estructuras tan futuristas que parecen de otra época. El estadounidense Richard Meier creó la iglesia del Jubileo (2003) en Roma, con tres estructuras en forma de vela elevándose hacia el cielo. Y la arquitecta británico-iraquí Zaha Hadid proyectó la sinuosa mole de hormigón del Museo MAXXI (2010), también en Roma.

Un futuro sostenible

Al igual que los fabricantes de coches y los diseñadores de moda han ideado productos sostenibles, los arquitectos del siglo XXI han ido incorporando a su trabajo elementos respetuosos con el entorno. El Bosco Verticale (2014) de Stefano Boeri, dos rascacielos de tamaño medio con más de 20 000 plantas enraizadas en su estructura, es quizás el ejemplo más famoso de esta tendencia en Italia. Mientras que la sorprendente estación principal de Reggio Emilia, proyectada por Santiago Calatrava, refleja el compromiso con la sostenibilidad en los desplazamientos.

Hoy en día, cada vez más arquitectos tratan de reinterpretar espacios ya existentes al tiempo que innovan. Pioneros del futuro, como la firma milanesa LPzR, diseñan edificios que facilitan la convivencia. Sus diseños son novedosos, pero su filosofía comunitaria podría considerarse una vuelta a las amplias plazas de antes —otra manera en la que Italia conserva el pasado al tiempo que mira hacia el futuro—.

Página 183 El Colosseo Quadrato, o Coliseo Cuadrado, de Roma **En el sentido de las agujas del reloj desde arriba a la izquierda** Bosco Verticale, Milán; tejado ondulado de Reggio Emilia; iglesia del Jubileo, Roma

1932-1935
El arquitecto racionalista Piero Portaluppi diseña la Villa Necchi Campiglio en su Milán natal.

1955-1958
La firma BBPR marca la diferencia con la construcción de la torre Velasca de Milán.

1955-1960
Gio Ponti y Pier Luigi Nervi diseñan la torre Pirelli de Milán, un rascacielos de 32 plantas.

1968-1978
Carlo Scarpa crea el cementerio Brion, una moderna maravilla en San Vito d'Altivole.

2009-2014
El Bosco Verticale, la obra maestra sostenible de Stefano Boeri, decora Milán.

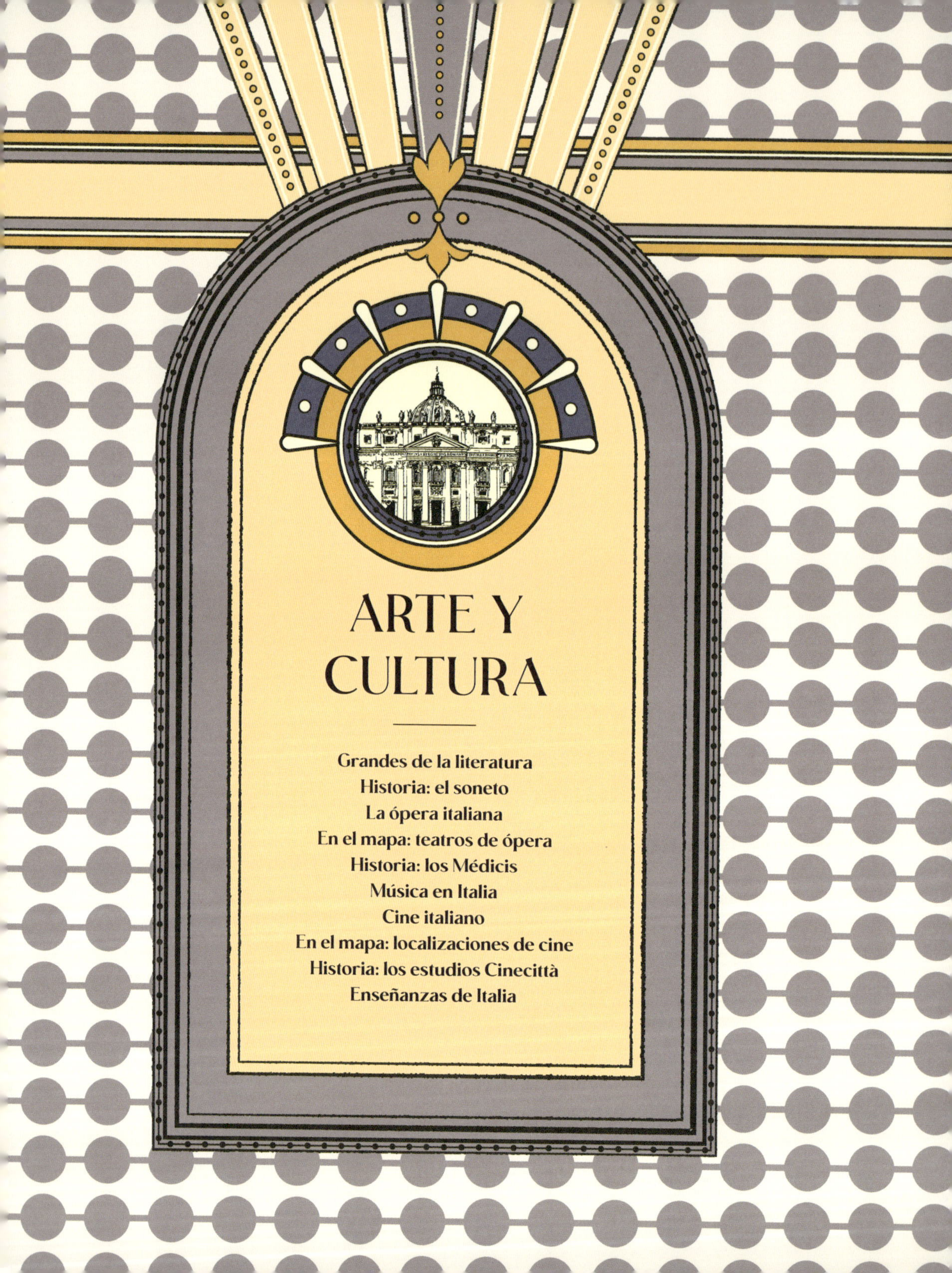

ARTE Y CULTURA

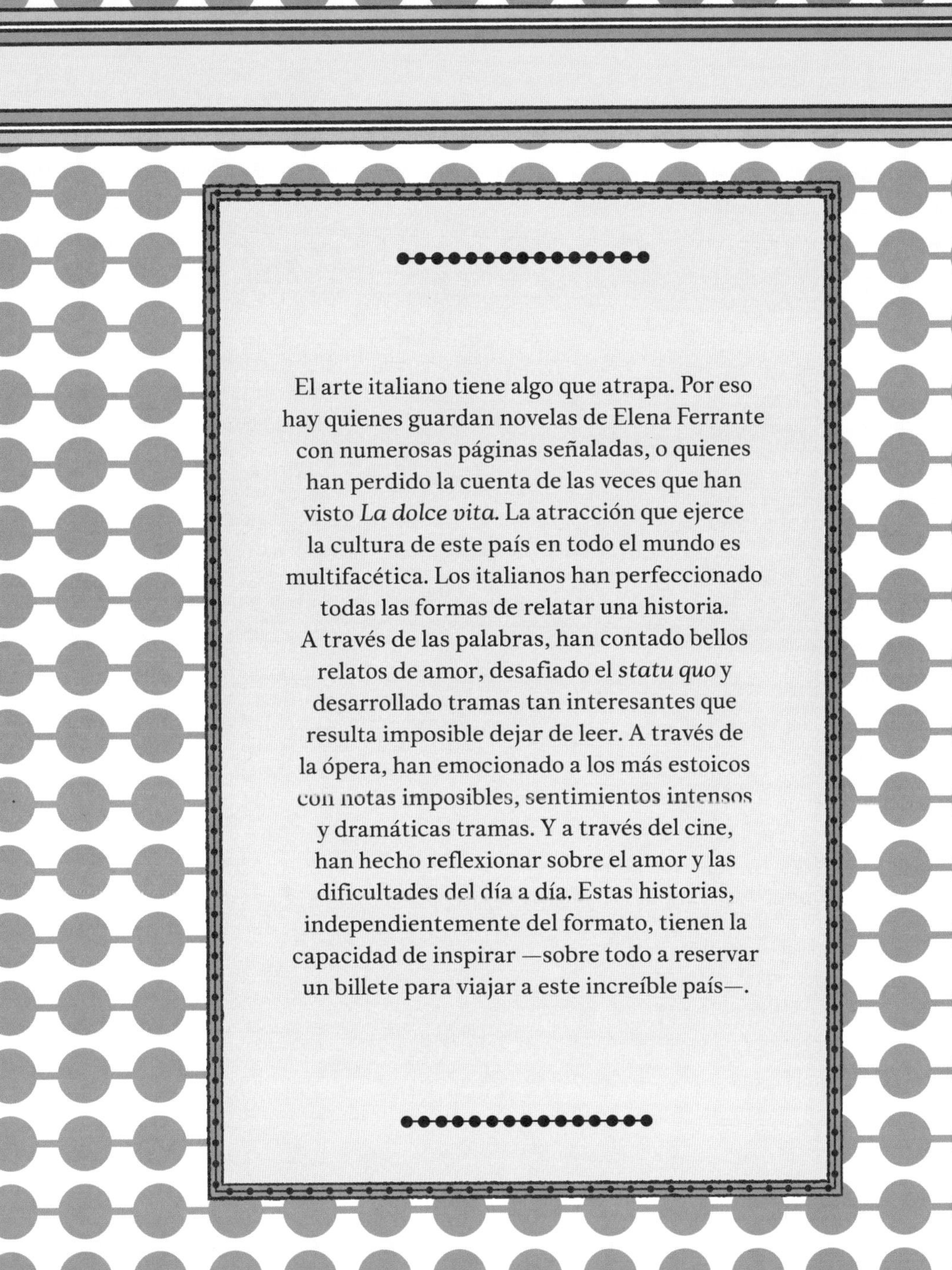

El arte italiano tiene algo que atrapa. Por eso hay quienes guardan novelas de Elena Ferrante con numerosas páginas señaladas, o quienes han perdido la cuenta de las veces que han visto *La dolce vita.* La atracción que ejerce la cultura de este país en todo el mundo es multifacética. Los italianos han perfeccionado todas las formas de relatar una historia. A través de las palabras, han contado bellos relatos de amor, desafiado el *statu quo* y desarrollado tramas tan interesantes que resulta imposible dejar de leer. A través de la ópera, han emocionado a los más estoicos con notas imposibles, sentimientos intensos y dramáticas tramas. Y a través del cine, han hecho reflexionar sobre el amor y las dificultades del día a día. Estas historias, independientemente del formato, tienen la capacidad de inspirar —sobre todo a reservar un billete para viajar a este increíble país—.

GRANDES DE LA LITERATURA

Una biblioteca llena de clásicos italianos

Para Italo Calvino, el escritor italiano más famoso del siglo XX, «Un clásico es un libro que nunca termina de decir lo que tiene que decir». Con estas palabras, podría haberse referido a cualquiera de las grandes obras literarias de Italia —desde el *Decamerón* de Giovanni Boccaccio hasta *La amiga estupenda* de Elena Ferrante—, que siguen ofreciendo nuevas maneras de pensar en el amor, la política, la fe y la amistad. A través de sermones religiosos mordaces, odas románticas o prosa política, los escritores del país han rascado la superficie de *la dolce vita* italiana para revelar las oscuras, complejas y a menudo hermosas realidades que se esconden debajo.

Los primeros románticos

Para muchos escritores italianos, no hay nada más importante que el amor. Esta pasión por la escritura romántica se remonta a la antigua Roma, cuyos poetas (entre ellos, Catulo) compusieron exaltados versos en latín. Sin embargo, fue a partir de la Edad Media cuando los italianos escribieron algunas de las composiciones de amor más bellas, a través de formas poéticas nuevas, como el soneto *(p. 193)*, para reflejar su pasión. Destaca Dante Alighieri, cuyos primeros poemas de amor, recopilados en su famosa *La vita nuova (La nueva vida)*, están dedicados a su adorada Beatriz.

En la Edad Media, los poemas de amor cortés estaban protagonizados en su mayoría por hombres, pero con la llegada del Renacimiento empezaron a aparecer mujeres que escribieron su versión de la historia. Gaspara Stampa —considerada la mejor poeta del Renacimiento italiano— compuso 200 apasionadas odas a su inalcanzable amado, el conde veneciano de Collalto. La poesía cortesana se regía por unas estrictas normas que Stampa cuestionó en sus versos, mostrando que existen tantas formas de escribir sobre el amor como maneras de sentirlo.

LA HISTORIA DE

Literatura para todos

La aristocracia financió el arte y la literatura del Renacimiento, sin embargo la idea era que las grandes creaciones artísticas estuvieran al alcance de todos. De ahí que se abrieran bibliotecas. La Biblioteca Malatestiana de Cesena, en el centro de Italia, data del siglo XV y está considerada la primera biblioteca de Europa a la que pudo acceder el público, en vez de quedar restringida a la Iglesia o la aristocracia.

Arriba Representación del *Decamerón* de Boccaccio por Franz Xaver Winterhalter **Derecha** Cubierta de principios del siglo XX de *La divina comedia* de Dante

HITOS DE LA LITERATURA

1321
Dante concluye *La Divina Commedia (La divina comedia)*, escrita en dialecto toscano en vez de latín.

1524
Baldassare Castiglione finaliza *Il Libro del Cortegiano (El cortesano)*.

1538
Se publican las *Rime (Rimas)* de Vittoria Colonna, lo que allana el camino a la escritura femenina.

1827
I Promessi Sposi (Los novios), de Alessandro Manzoni, es la primera novela moderna en italiano.

1947
Se publica *Se Questo è un Uomo (Si esto es un hombre)*, el relato de Primo Levi sobre su cautiverio en Auschwitz.

1957
Elsa Morante es la primera mujer que gana el Strega, el máximo galardón literario de Italia.

2011
Elena Ferrante publica la primera novela de su famoso *Cuarteto napolitano*.

INSPIRADO EN ITALIA

William Shakespeare

William Shakespeare, uno de los mejores escritores de la historia, le debe mucho a Italia. Aquí ambientó 13 de sus 38 obras de teatro, porque la poesía italiana era muy respetada y porque así podía abordar cuestiones que en su país habrían sido controvertidas. Venecia y Verona fueron sus dos escenarios favoritos.

Pioneros políticos

Mientras algunos autores suspiraban ante el papel, otros preferían exigir cuentas al poder. La política ha ocupado siempre un lugar destacado en la literatura del país, y los escritores han sido a menudo impulsores del cambio social. En la Florencia renacentista, el estadista y filósofo Nicolás Maquiavelo escribió *Il Principe (El príncipe)*, una especie de manual para líderes políticos. Este libro cambió por completo la idea que se tenía del poder y de cómo se obtiene, separa la política de la moral y sugiere que es necesaria cierta crueldad para asegurar la estabilidad social. El libro logró un éxito inmediato en toda Europa y se convirtió en una de las obras políticas más influyentes (y malinterpretadas) de todos los tiempos.

A finales del siglo XIX y principios del XX, el realismo literario o verismo se propuso denunciar la pobreza de la clase trabajadora italiana y los textos de carácter político adquirieron un tono diferente. Autores como Giovanni Verga y Grazia Deledda escribieron novelas con temática social. En *I Malavoglia* (*Los Malavoglia*, 1881) Verga relata la dura vida de una familia de pescadores sicilianos. La escritura se consideraba una forma de activismo político, y los autores se comprometieron a luchar para mejorar la vida de la gente sencilla tras la unificación.

Este compromiso con el poder de la literatura sigue vigente. Cuando Italia emergió de las dos guerras mundiales, un destacado grupo de escritores antifascistas empleó la palabra para exponer los horrores de los conflictos armados y las injusticias de la opresión. El italiano Primo Levi, químico y escritor judío que sobrevivió al Holocausto, publicó *Se Questo è un Uomo (Si esto es un hombre)*, un influyente relato de su encarcelamiento en Auschwitz. Como hicieron los representantes del verismo antes que él, Levi narró su historia con un realismo crudo y sutil, algo realmente conmovedor teniendo en cuenta las atrocidades que describe.

Innovación posmoderna

En las décadas de 1970 y 1980 los escritores italianos empezaron a cambiar la manera de relatar las historias,

Arriba Novelas napolitanas de Elena Ferrante
Abajo La librería veneciana Acqua Alta Venezia

alejándose poco a poco de la narrativa tradicional. Uno de los más exitosos fue Italo Calvino. En su novela posmoderna *Se una notte d'inverno un viaggiatore (Si una noche de invierno un viajero,* 1979), el autor se dirige al lector a lo largo del relato, mientras que *Le città invisibili (Las ciudades invisibles,* 1972) se desarrolla como una conversación entre el emperador mongol Kublai Khan y Marco Polo. Las mejores obras de Calvino adoptan el espíritu innovador de Italia explorando los límites entre la realidad y la ficción.

El filósofo y escritor experimental Umberto Eco creó misteriosas y elaboradas tramas en libros como *Il Nome della Rosa (El nombre de la rosa)* o *Il Pendolo di Foucault (El péndulo de Foucault)*. Al igual que Calvino, Eco tenía el don de transmitir ideas complicadas con un estilo claro, lo que allanó el camino a una generación de autores que ha demostrado que escribir literatura compleja no impide llegar a un público amplio.

Clásicos contemporáneos

Hoy en día, los autores italianos siguen innovando y conservan un claro tono político. Las novelas napolitanas de Elena Ferrante, cuya verdadera identidad se desconoce, abordan la pobreza y la delincuencia en Nápoles. Sus historias sobre amistad femenina, corrupción y roles de género le han dado fama internacional, generando un fenómeno conocido como «fiebre Ferrante».

La faceta más sórdida de Italia ha sido explorada por el periodista Roberto Saviano, que escribió sobre el crimen organizado en su novela *Gomorra*. Durante más una década, Saviano necesitó protección policial para garantizar su seguridad, lo que demuestra que la literatura aún tiene el poder de provocar respuestas políticas en Italia. Y aunque tal vez no esté cambiando el mundo tan rápidamente como lo hizo en el Renacimiento, sigue exigiendo responsabilidades al poder.

«Le lingue per me hanno un veleno segreto».

«Para mí, las lenguas contienen un veneno secreto».

La narradora de la saga «Dos amigas» de Elena Ferrante pronuncia esta frase en el último volumen. Refleja la confianza de Ferrante en el poder, y el peligro, de las lenguas. Como siempre han sabido los principales escritores políticos italianos, las palabras tienen la capacidad de cambiar el mundo.

HISTORIA

EL SONETO

Existen pocas composiciones poéticas tan reconocibles e imperecederas como el soneto, la joya de la corona de la poesía romántica renacentista. A lo largo de los siglos, este breve poema —14 versos con métrica fija, ritmo regular y una *volta* o giro argumental al final— ha sido reelaborado infinidad de veces para expresar todo tipo de emociones. Pero ¿cuál es el origen del soneto y por qué ha perdurado tanto tiempo?

El soneto debe mucho al escritor italiano del siglo XIII Giacomo da Lentini, aunque su forma actual fue perfeccionada por Francesco Petrarca. En los poemas de *Il Canzoniere*, en su mayoría sonetos, Petrarca elogia a su amada, Laura de Noves. En cada una de las composiciones, el enamorado autor emplea una serie de metáforas románticas para cortejar a su dama. La brevedad de la composición y los pentámetros yámbicos indican que el soneto estaba destinado a leerse en voz alta, como una perfecta declaración de amor (a menudo no correspondido).

Breve y fácil de memorizar, el soneto se popularizó entre autores toscanos como Dante, y no tardó en trascender la corte italiana. A *sir* Thomas Wyatt se le atribuye el haberlo introducido en Inglaterra a través de sus traducciones de los versos de Petrarca durante el período isabelino; fue así como llegó a William Shakespeare, que lo utilizó para comparar su amor con un día de verano (entre otras cosas). Desde entonces, han surgido y desaparecido infinidad de modas, pero el soneto permanece, como una pequeña pero perfecta carta de amor.

«La brevedad de la composición y los pentámetros yámbicos indican que el soneto estaba destinado a leerse en voz alta».

Izquierda Dante y Beatriz, musa de *La Vita Nuova* de Dante

LA ÓPERA ITALIANA

Alcanzando las notas más altas

No es de extrañar que la ópera naciera en Italia. Después de todo, este es un país cuya población parece predispuesta a dejarse llevar por la pasión y el dramatismo, cualidades que dan lugar a representaciones cautivadoras. Pero hablar de la ópera solo en términos emocionales y pasar por alto su influencia cultural sería subestimar esta forma artística tan imperecedera.

El nacimiento de la ópera

Como muchas creaciones italianas destacables, la ópera nació en la corte de los Médicis en Florencia, después del Alto Renacimiento. Fue ideada por un grupo de artistas, poetas y músicos de vanguardia, conocido como la Camerata Fiorentina, cuyos miembros deseaban recuperar la tragedia de la antigua Grecia y experimentar con la unión de música y drama. Su propósito era relatar historias a través de una obra teatral musicalizada.

Uno de los miembros fundamentales del grupo fue el compositor Jacopo Peri, que se basó en un libreto escrito por su compañero Ottavio Rinuccini para revivir el mito de Apolo y Dafne. La obra de Peri, titulada *Dafne,* está considerada como la primera ópera del mundo, y fue representada con gran

éxito en el Palazzo Tornabuoni en 1598. La familia Médicis quedó entusiasmada y encargó a Peri la composición de *Eurídice*, que fue interpretada en la boda de María de Médicis y Enrique IV de Francia justo dos años después. Durante este tiempo, el género, que combinaba música, teatro y danza, ganó popularidad en toda Italia y empezaron a representarse espectáculos inspirados en los toscanos en cortes nobles de otras regiones.

Primeras óperas

El compositor Claudio Monteverdi tomó el testigo de Peri y desarrolló más el género. En 1607 presentó *L'Orfeo*, que combinaba todos los elementos que hoy definen la ópera: un texto interpretado en perfecta armonía con la música, elaborados telones de fondo y personajes con emociones intensas. La maestría en el escenario requería de un gran compromiso: este fue el período de apogeo de los *castrati*, cantantes masculinos castrados antes de la pubertad para que pudieran alcanzar notas agudas (y que, en ocasiones, interpretaban papeles femeninos). La ópera estaba adquiriendo una espectacularidad desconocida hasta el momento.

Una representación tan dramática necesitaba un escenario adecuado, y no tardaron en aparecer teatros de ópera públicos por toda Italia. El nuevo género dejó de estar confinado a espacios privados para disfrute de la nobleza; ahora cualquiera podía comprar una entrada para ver los espectáculos (aunque, a menudo, a precios elevados). En 1637 se inauguró en Venecia el primer teatro de ópera, el Teatro San Cassiano, de estilo barroco; a finales del siglo XVII, la ciudad contaba con 17 teatros y el amor de los italianos por el género quedó firmemente consolidado.

La ópera fue alcanzando a un público cada vez más amplio y pasó del recargado período barroco al clásico más sencillo. En Nápoles surgió la cómica ópera bufa, un género independiente que contrastaba con la ópera seria, centrada en los *castrati*. La ópera bufa abandonó las historias de viajes del héroe y se decantó por situaciones cotidianas. Esta temática cercana podría considerarse el equivalente operístico al uso del toscano en vez del latín en los textos de Dante; el público encontraba personajes con los que podía identificarse.

La época de los grandes

Este enfoque ligero contribuyó a diversificar la ópera y a abrir la puerta a otras innovaciones durante el siglo XIX. La primera mitad del siglo estuvo dominada por el compositor Gioachino Rossini, que escribió tanto óperas cómicas —*El barbero de Sevilla*— como serias —*Hermione*— y llegó a romper las barreras entre ambas. Otro gigante del género fue Giuseppe Verdi, que se convirtió en una figura clave del Risorgimento (movimiento de unificación italiana) con su ópera *Nabucco* (1842) y su conmovedor coro «Va, Pensiero». En él, los esclavos hebreos cantan a su patria, lo que se consideró un himno apenas velado para los patriotas italianos. Giacomo Puccini, heredero de Verdi en el siglo XX, se implicó menos en política que su predecesor, pero no por ello perdió intensidad. Sus óperas, como *Tosca* y *Madama Butterfly*, se centraron más en el realismo emocional. Tal es la fuerza de estas obras que Verdi y Puccini siguen siendo nombres conocidos incluso entre quienes nunca han pisado un teatro de ópera.

Página anterior izquierda Dibujo de La Scala
Página anterior derecha Público en La Scala
En el sentido de las agujas del reloj desde arriba Arena de Verona; cartel del *Otelo* de Verdi; representación de *El barbero de Sevilla*

ANNA RENZI

Anna Renzi (1620-1660) fue la primera cantante de ópera profesional. Alcanzó la fama en los teatros de Venecia, donde no se aplicaron los decretos papales que prohibían cantar a las mujeres.

LA HISTORIA DE

Los Tres Tenores

El famoso grupo de ópera Los Tres Tenores (1990-2003) estaba formado por el gran cantante italiano Luciano Pavarotti y los españoles Plácido Domingo y José Carreras. Su variado repertorio incluía desde clásicos como *Nessun dorma* hasta versiones operísticas de canciones pop y del teatro de Broadway, con lo que atrajeron a un público nuevo al mundo de la ópera moderna.

La ópera hoy

El énfasis emocional al estilo de Puccini no ha desaparecido, pero el componente sociopolítico ha regresado a los teatros. Hoy en día no se va a la ópera únicamente para disfrutar de las mejores obras de los *maestri* del pasado (aunque también, por ejemplo en eventos como el Festival de Rossini en Pesaro, el Festival de Verdi celebrado en lugares muy queridos por el compositor de *Falstaff*, y el Festival de Puccini en Lucca). De Parma a Palermo, los teatros de ópera del país son espacios de encuentro cultural y político. Y en ninguno de ellos es tan cierto como en el Teatro alla Scala en diciembre, cuando la famosa ópera de Milán inaugura la nueva temporada. Las invitaciones para este evento son muy codiciadas y, aunque siempre asisten personajes famosos y políticos con sus mejores galas, es más que una simple sesión de fotos. Se da gran importancia a la distribución de los líderes en el palco real y a los murmullos (con posibles estallidos o actos de protesta) del público, ya que suelen dar una idea del clima cultural al final del año. La ópera no sería lo mismo sin un poco de dramatismo y teatralidad.

Arriba Entre bastidores antes de una representación en La Scala

Derecha Luciano Pavarotti, uno de Los Tres Tenores

CONVERSACIÓN CON

PAOLO BESANA

Sobre la larga historia y el enorme archivo de La Scala

Hay pocos teatros de ópera con tanta historia como La Scala de Milán. En su escenario se han representado las mejores obras de todos los grandes nombres desde la primera mitad del siglo XIX, como: Rossini, Bellini, Donizetti y Verdi. Hasta hoy, la apertura de cada nueva temporada, que tiene lugar el 7 de diciembre (Día de Sant'Ambrosio, santo patrón de Milán), es una de las citas más importantes en el calendario cultural de Italia. Paolo Besana, director de comunicación de la institución, conoce muy bien la ilustre historia de este teatro —y los proyectos destinados a conservarlo—.

La relación de Besana con La Scala se remonta a 1992, cuando empezó a trabajar como acomodador siendo estudiante. Ahora es el responsable de todo el plan de comunicación del teatro, incluidas sus publicaciones, la página web y, quizás lo más interesante, su extenso archivo. Cuando un teatro tiene una historia tan amplia, es normal que guarde maravillas en sus archivos. «El archivo de La Scala contiene documentos, vestuario, bocetos de escenografías de algunos de los principales artistas italianos del siglo XX y alrededor de un millón de fotografías», explica Besana. «Es un tesoro enorme, inmenso, en el que siempre se encuentran cosas nuevas».

De cara al futuro, Besana desea facilitar el acceso a este repositorio operístico. La Scala siempre ha tratado de acercar la ópera al público y desde su inauguración ha sido una institución para el pueblo. Por ello se ha puesto en marcha la digitalización de muchos de sus tesoros, para que estudiosos y aficionados a la ópera puedan acceder a ellos.

Pero lo que más entusiasma a Besana es el vestuario. Durante décadas, el mundo de la moda ha buscado inspiración en La Scala. «Este teatro representó un papel clave en la transformación de Milán en una gran ciudad de la moda», afirma, ya que sirvió de inspiración a numerosos diseñadores (como Giorgio Armani), que también diseñaron trajes para sus espectáculos. Es importante mantener este vestuario en buenas condiciones: «Los trajes requieren sobre todo trabajo de restauración; están almacenados en una antigua fábrica al sur de Milán, donde se ubican nuestros laboratorios. Estamos planeando trasladarnos a un espacio mayor, lo que llevará varios años». Mientras tanto, Besana y su equipo seguirán indagando en los archivos y quién sabe los tesoros que encontrarán.

EN EL MAPA

TEATROS DE ÓPERA

Los primeros teatros de ópera de Italia aparecieron en el siglo XVII y, a medida que el género ganaba popularidad, fue creciendo la demanda de espacios más amplios y sofisticados. Estos teatros suelen reflejar las tendencias arquitectónicas de cada época, pero lo que todos comparten es la espectacularidad y la capacidad para sorprender, antes incluso de que se escuche una sola nota. Buena parte de ello se debe al código de vestimenta, y es que los artistas no son los únicos que visten trajes deslumbrantes. Una noche en la ópera significa vestirse para impresionar, y los elegantes italianos lo dan todo.

Teatro Carlo Felice, Génova

El Carlo Felice, cuyo antiguo interior rococó reflejaba la riqueza de la Génova decimonónica, no es solo un teatro de ópera sino un faro cultural. Destruido por las bombas de la Segunda Guerra Mundial, fue restaurado por el arquitecto Aldo Rossi.

Teatro Regio, Parma

Los habitantes de Parma consideran su ciudad como la verdadera cuna de la ópera y este teatro, asociado a Verdi, como la joya de la corona. Sus duras críticas han hecho llorar a algunos intérpretes.

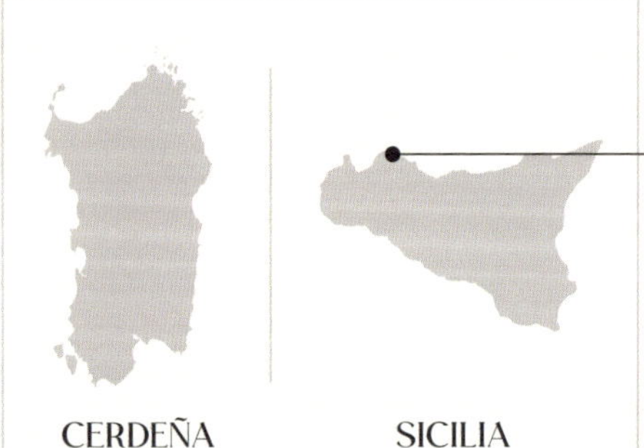

Teatro Massimo, Palermo

Este teatro de ópera, el tercero más grande de Europa cuando se inauguró en 1897, presenta una hermosa combinación de arquitectura neoclásica, *art nouveau* y árabe-normanda, estilos por los que Sicilia es famosa.

La Scala, Milán

Este teatro de ópera neoclásico es uno de los más prestigiosos del mundo. Su audiencia tiene fama de ser muy exigente: en 2006, el tenor Roberto Alagna abandonó el escenario tras ser abucheado en una representación de *Aída*.

Arena de Verona

A los italianos no les gusta ver desaparecer los edificios antiguos, en especial los anfiteatros romanos. Construida para albergar luchas de gladiadores, la Arena de Verona ha sobrevivido a la mayoría de estructuras semejantes y se ha convertido en uno de los escenarios de ópera más valorados.

Teatro del Silenzio, Lajatico

Este teatro al aire libre se construyó en las colinas toscanas de Lajatico, la comunidad agrícola que vio nacer al tenor Andrea Bocelli. Solo acoge un concierto al año, ofrecido por Bocelli.

Teatro Petruzzelli, Bari

Inaugurado en 1903 por los hermanos Petruzzelli para impulsar la escena cultural de Bari, este teatro es un símbolo de la ópera del sur del país. Un incendio lo destruyó en 1991, pero volvió a abrirse en 2009.

Teatro San Carlo, Nápoles

El teatro de ópera más antiguo conservado del mundo se fundó en 1737, cuando Nápoles estaba a la vanguardia de la revolución operística. Ha resistido perfectamente el paso del tiempo y sigue siendo motivo de orgullo para los napolitanos.

HISTORIA

LOS MÉDICIS

El florecimiento cultural de Italia está íntimamente unido a la Casa de los Médicis. Su historia comenzó en 1434, cuando Cosme de Médicis (más conocido como Cosme el Viejo) empezó a amasar una fortuna expandiendo el sistema bancario florentino. Entonces, igual que ahora, el dinero concedía influencia política, por lo que Cosme no tardó en controlar los resortes del poder en Florencia.

Su ascenso coincidió con la difusión por toda Italia del pensamiento humanista, cuyos escritores y pensadores elogiaron las artes como la más valiosa de las creaciones humanas. Ya en la madurez, y con las arcas cada vez más llenas, Cosme se convirtió en un apasionado mecenas de la pujante escena artística de Florencia. Realizó encargos a artistas como Donatello y Fra Angelico, y levantó palacios y bibliotecas, una manera perfecta de consolidar su legado. La familia siguió patrocinando las artes durante generaciones; el nieto de Cosme, Lorenzo de Médicis, apoyó a algunos de los mejores artistas de su época; sin su mecenazgo, tal vez no hubieran existido las obras de Sandro Botticelli, Leonardo da Vinci y Miguel Ángel. Además de su destacado papel en las artes, la familia Médicis aportó cuatro papas y una reina de Francia (Catalina de Médicis se casó con Enrique II y gobernó Francia de 1547 a 1559).

El último gobernante Médicis falleció en 1737, pero la familia ya había cambiado de manera irrevocable el arte, la política y las finanzas de Europa. Durante sus casi 300 años de mandato, Florencia se llenó de óperas, teatros y museos, y se convirtió en el pilar cultural de Italia.

«Cosme de Médicis se convirtió en un apasionado mecenas de la pujante escena artística de Florencia».

Izquierda Los Médicis representados en la *Procesión de los Magos*, de Benozzo Gozzoli

MÚSICA EN ITALIA

Los sonidos tradicionales del país

No es coincidencia que Dante describiera el infierno como un lugar sin música. La armonía, la notación y la escala musical —además del violín y el piano— se inventaron en Italia. El visitante no tarda en descubrir el papel que desempeña la música en este país, donde se encuentran multitudes haciendo cola en las salas de conciertos y cantantes actuando en las calles.

Sonidos clásicos

Los grandes compositores italianos no se limitaron al mundo de la ópera *(p. 194)*. Durante el Renacimiento, los músicos del país elevaron la música sacra a nuevas cotas perfeccionando la misa, una composición de alabanza a Dios. Giovanni Pierluigi da Palestrina (1525-1594) fue una figura clave en la denominada Escuela Romana. Este compositor desarrolló el contrapunto, una técnica que consiste en interpretar varias melodías de manera simultánea para crear armonías complejas.

Posteriormente, el italiano Ennio Morricone se convirtió en el compositor de bandas sonoras posiblemente más famoso del mundo con su participación en más de 70 películas galardonadas, muchas de ellas dirigidas por Sergio Leone. Los sombríos mundos sonoros de Morricone establecieron nuevos patrones en la música cinematográfica y han quedado asociados a los *spaghetti western*. El tema de apertura de *El bueno, el feo y el malo* (1966) es actualmente una de las partituras más icónicas de la historia del cine. Luego llegó Ludovico Einaudi, cuyas suaves melodías para piano han añadido alma a innumerables películas y series de televisión, como *Nomadland* (2020) y *This is England* (2006).

Tradiciones populares

Italia tiene mucho más que ofrecer. La música folclórica es un legado de la etapa anterior a la unificación del país, con estilos asociados a diferentes

INSPIRADO EN ITALIA

Conciertos de Vivaldi

El violonchelista veneciano Antonio Vivaldi (1678-1741) fue clave en el desarrollo de una de las composiciones más destacadas de la música clásica: el concierto, creado para un instrumento solista acompañado de una orquesta. Esta forma musical se difundió rápidamente por toda Europa, y fue reinterpretada por destacados compositores.

Arriba Ennio Morricone con la orquesta Roma Sinfonietta en el Palacio Real de Caserta

regiones. El liscio, un tipo de foxtrot, es popular en Emilia-Romaña, pero fuera de esta región resulta difícil encontrar a alguien que haya escuchado hablar de él. Tampoco hay mucha gente que sepa que los Abruzos tienen una gaita propia —la *zampogna*—, con la que se interpreta música regional. Y la mandolina está muy extendida en Nápoles, pero no es común en otras zonas.

Muchas melodías tradicionales se cantan en dialecto, como *Oh mia bela Madunina, Ma se ghe penso* y *'O sole mio*, todas adoptadas como himno en sus respectivas ciudades (Milán, Génova y Nápoles). Estas canciones, con estribillos alegres, letras evocadoras y estructuras sencillas, están compuestas para cantarlas en grupo y es posible escucharlas a voz en grito en un partido de fútbol o interpretadas en una bulliciosa calle. Después de todo, da igual que sea una composición clásica o tradicional —o incluso una pieza rock para ganar Eurovisión—, la música en Italia ha servido siempre para unir a la gente.

CINE ITALIANO

Iconos de la gran pantalla

Paisajes espectaculares, una gastronomía deliciosa y gente sociable: buena parte de la imagen de Italia como país de *la dolce vita* se debe al cine. Sin embargo, aunque la buena vida dominara la gran pantalla en las décadas de 1960 y 1970, la producción cinematográfica del país no es todo pompa y glamur. Desde las películas de propaganda fascista hasta el inquietante movimiento neorrealista, el cine italiano ofrece una visión compleja del país. Existen infinidad de películas que rompen las barreras entre géneros y desafían el *statu quo,* pero pocas lucen tan bien como las italianas.

Los inicios

Aunque el cine italiano tuvo unos inicios discretos, los cineastas italianos empezaron a experimentar poco después del estreno de las primeras películas de los hermanos Lumière en 1895. Películas mudas como *Los últimos días de Pompeya* (1908) y *Cabiria* (1914) enamoraron a los espectadores con sus tomas innovadoras, decorados suntuosos y narraciones históricas. En la década de 1930 tomó el relevo el cine sonoro, pero los relatos del mundo antiguo mantuvieron el protagonismo —a lo que contribuyó Benito Mussolini—. Para aprovechar el poder del cine y producir su propaganda fascista, el dictador fundó Cinecittà, un estudio cinematográfico próximo a Roma donde se produjeron epopeyas como *Escipión el Africano* (1937), que relata la conquista de Cartago a manos de Escipión. Estas películas cautivaron a un gran público y difundieron el sueño de Mussolini de recrear el Imperio romano. El fascismo sucumbió, pero la Cinecittà *(p. 215)* de Mussolini siguió creciendo hasta convertirse en el mayor estudio cinematográfico de Europa y el epicentro del cine italiano.

Aparición del neorrealismo

La Italia de la posguerra impulsó una nueva etapa en el cine. La destrucción y la pobreza reinaban en las calles y los cineastas, sin interés en contar

LA HISTORIA DE

Elvira Notari

La primera directora de cine italiana conocida nació en 1875 en Salerno. En 1906 se convirtió en cofundadora de Dora Film. Empezó produciendo cortometrajes que se proyectaban al final de las películas en el cine y luego realizó documentales y largometrajes sobre los trabajadores napolitanos. En 1928 las autoridades fascistas clausuraron Dora Film por dar protagonismo a la clase obrera, pero las películas de Notari sirvieron de precedente al neorrealismo italiano de posguerra.

FEDERICO FELLINI
LA DOLCE VITA
TOTALSCOPE
MARCHIO DEPOSITATO DALL'A.T.C.

INSPIRADO EN ITALIA

Sonidos del cine

Cuando se estrenó *Por un puñado de dólares* (1964) de Sergio Leone, los cinéfilos quedaron cautivados por su violencia, su narrativa y su música. La dirección de Leone transformó la cinematografía en Europa y Estados Unidos, y la increíble banda sonora de Ennio Morricone —con guitarras, armónicas, silbidos y aullidos— cambió para siempre el sonido de las películas.

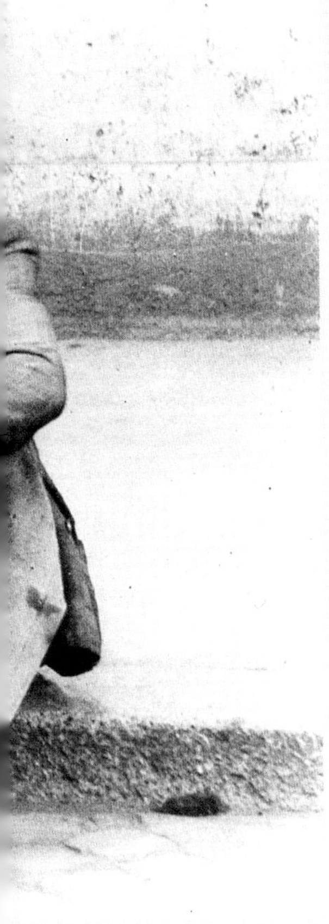

historias sobre el Imperio romano o el alarde fascista, se centraron en las luchas cotidianas de los italianos, lo que dio lugar al movimiento neorrealista. Como Cinecittà había sido bombardeada durante la guerra, los directores empezaron a rodar en exteriores, a menudo con actores no profesionales para aumentar el realismo. La película *Roma, ciudad abierta* (1945), de Roberto Rossellini, se filmó en las calles de la destruida capital y convirtió a la desconocida actriz Anna Magnani en una estrella internacional. La película más famosa de este período fue quizás *Ladrón de bicicletas* (1948), de Vittorio De Sica, que ganó un Óscar con su dramático relato. Estas obras inspiraron a cineastas de todo el mundo, aunque el público no siempre se mostró entusiasmado: tras la Segunda Guerra Mundial, los italianos buscaban escapar de su realidad. El género decayó en la década de 1950, pero sus películas sirvieron de precedente a la Nouvelle Vague francesa y el cine independiente estadounidense.

La buena vida

Las películas de Federico Fellini, extravagantes, surrealistas y glamurosas, surgieron como el antídoto perfecto al neorrealismo. Su icónica *La dolce vita* (1960) puso un nuevo nombre al concepto italiano de la buena vida, y la comedia dramática *8½* (1963) recibió elogios de la crítica. También aparecieron otros géneros y directores. Los *spaghetti western*, popularizados por *El bueno, el feo y el malo* (1966) de Sergio Leone, empezaron a dominar la escena internacional, y directoras como Lina Wertmüller (la primera mujer nominada al Óscar a mejor dirección en 1977) y Liliana Cavani (directora de la controvertida *El portero de noche*, 1974) llevaron el cine italiano a nuevos territorios.

Italia despuntó en el mundo del cine gracias a sus directores, aunque también contribuyeron a ello los épicos escenarios, el espectacular vestuario y los magníficos actores. En las décadas de 1960 y 1970 saltaron a la fama algunas de las *divi* (estrellas) más famosas del cine italiano. Sophia Loren, una de las actrices italianas más icónicas, formó una pareja legendaria junto a Marcello Mastroianni, con quien protagonizó películas como *Ayer, hoy y mañana* (1963) y *Una jornada particular* (1977). Su química encarnó la nueva era del cine italiano, en la que los personajes adquirieron complejidad e intensidad emocional. La reconstruida Cinecittà también encontró su momento para brillar con producciones de gran presupuesto como *Cleopatra* (1963), que llevaron a Roma a grandes figuras de Hollywood, entre ellas Elizabeth Taylor y Richard Burton.

Un romance moderno

Entre la década de 1980 y finales de la década de 1990, se produjo un cambio en la industria cinematográfica italiana,

•••

Página 207 Cartel de *La dolce vita*
En el sentido de las agujas del reloj desde arriba Fellini y Mastroianni; la película neorrealista *Ladrón de bicicletas;* la famosa actriz Sophia Loren

que se alejó del protagonismo de los directores para centrarse en cultivar el éxito en Hollywood. Los romances que realzaban la belleza natural de Italia (y de los italianos) alcanzaron el éxito internacional, como *Cinema Paradiso* (1988) o *El cartero (y Pablo Neruda)* (1994), dirigida por el británico Michael Radford pero escrita junto a su protagonista masculino, Massimo Troisi. Ambas películas idealizaron la sobriedad rural y despertaron el anhelo por una especie de *dolce vita* bucólica. Inspirados por esta romántica visión de Italia —y, tal vez, por el éxito económico de mostrarla en pantalla—, los directores extranjeros acudieron al país para rodar películas que mostraban paisajes frondosos y evocadores, como *Una habitación con vistas* (1985) y *El paciente inglés* (1996).

El cine actual

Esto no quiere decir que los directores italianos hayan perdido su papel protagonista. Paolo Sorrentino, a menudo comparado con Fellini, alcanzó el éxito con *La gran belleza* (2013), que exploraba la decadencia y el existencialismo con un estilo opulento. Alice Rohrwacher también causó sensación con su mística *La quimera* (2023), que seguía a un variopinto grupo de saqueadores de tumbas que podrían haber sido personajes de Fellini. Y Luca Guadagnino, con películas como *Llámame por tu nombre* (2017), ofrece una combinación de profundidad emocional y belleza visual, centrándose en temas como el deseo y la identidad con hermosos paisajes como telón de fondo. Después de todo, hay algo que se mantiene en la producción cinematográfica del país: el protagonismo de Italia, ya sea por su rica historia, sus espectaculares paisajes o sus gentes.

Arriba *La quimera*, una comedia dramática de época
Derecha *Cinema Paradiso*, ambientada en Sicilia
Abajo Timothée Chalamet en *Llámame por tu nombre*

CONVERSACIÓN CON

SIMONA BALDUCCI

Sobre el placer de trabajar en un histórico estudio de cine

Los icónicos estudios Cinecittà *(p. 214)* de Roma forman parte de la historia cinematográfica de Italia y su nombre está unido a directores como Federico Fellini, Sergio Leone y Martin Scorsese, entre otros. Pero detrás de cada uno de estos maestros hay un equipo de artistas, diseñadores y arquitectos que crean verdaderos mundos dentro de un estudio. Simona Balducci, directora del departamento artístico de Cinecittà, ha sido la mente visionaria detrás de cada escenario del estudio desde 1999. Balducci, la primera mujer que ocupa este puesto en Europa, conoce mejor que nadie los aspectos prácticos del cine en Italia.

«Casi toda la historia del cine italiano ha pasado por los escenarios de Cinecittà», comenta. «En la década de 1950, se filmaron muchas películas estadounidenses en ellos y el estudio pasó a conocerse como el Hollywood del Tíber. Todo el que se dedica al mundo del cine sueña con trabajar aquí al menos una vez en la vida». Incluso después de décadas trabajando en el estudio, el formidable legado de Cinecittà sigue inspirándola. Balducci reconoce que Italia es un sueño para cualquier cineasta. «El país ofrece paisajes que van desde las montañas hasta el mar. Y además contamos con magníficos técnicos y escenógrafos». Con tanto talento y tal abundancia de belleza natural, no es de extrañar que el cine italiano haya tenido tanto éxito.

Parte del encanto de una película reside en ocultar los detalles técnicos de su producción, convirtiéndola en una verdadera puerta a otro mundo. Pero Balducci sabe que la realización de una película tiene a menudo más que ver con los costes y la maquinaria que con la magia y la alquimia. «El primer paso es el presupuesto: estimo los gastos y el tiempo necesario; luego se elige el equipo y los materiales adecuados; y por último, se controlan todas las fases del proceso hasta la entrega del escenario». Estos procedimientos no parecen muy emocionantes sobre el papel, pero sin la minuciosidad de Balducci habría sido imposible trasladarse hasta la Florencia medieval *(El Decamerón,* 2024), las calles de la antigua Roma *(Los que van a morir te saludan,* 2024) o el México de mediados del siglo XX *(Sin sangre,* 2024). Balducci ha sido testigo de innumerables cambios en la industria, pero el éxito de las producciones de Cinecittà se mantiene intacto. Y eso, en sí mismo, es casi mágico.

EN EL MAPA

LOCALIZACIONES DE CINE

Con sus pintorescas localidades, su ondulante campiña y sus antiguas ruinas, Italia puede ser muy cinematográfica —algo con lo que estarían de acuerdo muchos directores—. Su nombre aparece en innumerables créditos, hasta el punto de que mucha gente siente conocer el país de haberlo visto en pantalla. Desde películas de Fellini hasta adaptaciones para la pequeña pantalla como *Ripley*, Italia ha servido de escenario a persecuciones de coches, relatos de paso a la madurez e historias repletas de acción, y siempre como algo más que un mero lienzo en blanco.

Venecia

Venecia fue una de las primeras ciudades del mundo en ser filmada. En 1896 se rodó *Panorama du Grand Canal vu d'un bateau*, de los hermanos Lumière. Desde entonces, innumerables directores famosos —Welles, Fellini, Spielberg— han grabado en esta pintoresca ciudad.

Crema

Las melancólicas escenas de Timothée Chalamet y Armie Hammer paseando, montando en bicicleta y enamorándose en Crema presentaron esta localidad al mundo en 2017. Ahora se ofrecen visitas en la zona dedicadas a *Llámame por tu nombre.*

Sicilia

El cine italiano consiguió nuevos admiradores con la historia de paso a la madurez de *Cinema Paradiso* (1988), filmada en la localidad siciliana de Palazzo Adriano. Sus escenas más memorables, en las que aparece el cine que da nombre a la película, se rodaron en la céntrica Piazza Umberto I.

Val d'Orcia

Este valle toscano sirvió de escenario a los recuerdos de Russell Crowe sobre su hogar en *Gladiator* (2000), donde aparece como un paraíso rural. Las escenas se filmaron cerca de Pienza, fundada como una «ciudad utópica» en el siglo XV.

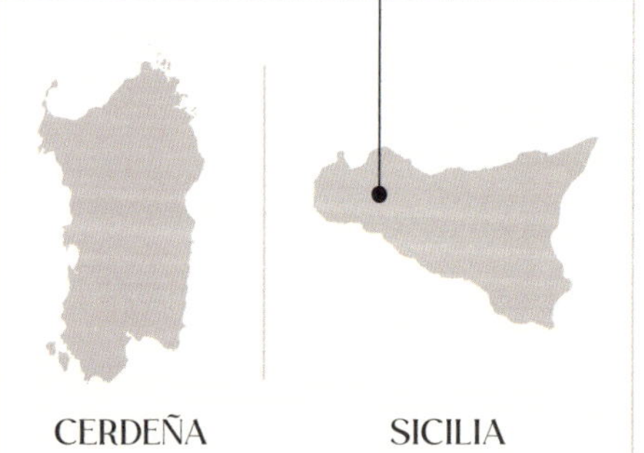

Arezzo

Esta ciudad toscana fue la localización de *La vida es bella* (1997), un clásico drama italiano. En muchas tomas aparece su famosa plaza inclinada, y la abadía de Sante Flora e Lucilla puede verse cuando el personaje de Roberto Benigni cae en brazos de su futura esposa.

Atrani

Esta encantadora localidad costera se interpreta a sí misma en la exitosa serie de Netflix *Ripley* (2024). Filmada en invierno y en blanco y negro, la ciudad presenta un aspecto austero, lo que realza su majestuosa belleza.

Matera

Las calles empedradas y casas junto al acantilado de Matera han representado a la antigua Jerusalén en más de una ocasión, especialmente en *La pasión de Cristo* (2004), pero también han servido de escenario a una persecución de coches en la película de James Bond *Sin tiempo para morir* (2021).

Roma

Si el cine italiano pudiera resumirse en una sola escena, sería la de Marcello Mastroianni y Anita Ekberg dentro de la Fontana de Trevi en la inmortal *La dolce vita* (1960) de Fellini.

ET VIRTUTI

HISTORIA

LOS ESTUDIOS CINECITTÀ

Con 3000 películas y 47 premios Óscar en su haber, Cinecittà no es un estudio cualquiera. El cine italiano nació en este complejo (el mayor de su clase en Europa), que sigue desempeñando un papel importante en la producción cinematográfica actual. Pero surgió bajo un patrocinio inesperado. El dictador italiano Benito Mussolini fundó el estudio en 1937 bajo el eslogan «Il cinema è l'arma più forte» («El cine es el arma más poderosa»), y lo utilizó para producir epopeyas históricas con propaganda fascista.

Sin embargo, la Segunda Guerra Mundial lo cambió todo. El fascismo cayó, Mussolini fue ejecutado y Cinecittà acabó bombardeada, de modo que el cine tuvo que buscar un nuevo rumbo. Sin estudios donde rodar, los directores tomaron las calles y produjeron algunas de las películas italianas más aclamadas por la crítica. Pero Cinecittà no tardó en resurgir.

El estudio se reconstruyó en la década de 1950 y recuperó su prestigio. Los directores estadounidenses, atraídos por las subvenciones y los bajos costes laborales, acudieron en masa para rodar sus propias epopeyas: producciones con grandes presupuestos, elaborados escenarios y cientos de extras, como *Ben-Hur* (1959) y *Cleopatra* (1963). Otros directores siguieron su ejemplo, entre ellos Federico Fellini y Francis Ford Coppola, que filmó en Cinecittà gran parte de *El padrino III* (1990). Más recientemente, se construyeron en el estudio los escenarios para la serie *Roma* (2005) de HBO, así que el espíritu épico de este lugar se mantiene.

«Con 3000 películas y 47 premios Óscar en su haber, Cinecittà no es un estudio cualquiera».

Izquierda Rodaje de la película *Cleopatra* en Cinecittà

ENSEÑANZAS DE ITALIA

Aprendiendo de la musa universal

Para ser un país que celebra con orgullo el arte de no hacer nada, Italia ha estado muy ocupada. Su influencia se percibe en grandes plazas públicas de todo el mundo, en los deportivos que circulan por las autopistas y en detalles sutiles como un traje bien confeccionado o una suave pincelada. Pero en la vorágine del siglo XXI, en la que surgen tendencias a diario, ¿qué enseña Italia?

En primer lugar, Italia demuestra que estar a la vanguardia no significa abandonar el pasado. Las costureras y los sastres italianos siguen perfeccionando su oficio a pesar de la moda rápida. Estimulados por la belleza de regresar a los orígenes, los artistas sacan su trabajo a las calles y los arquitectos diseñan espacios comunitarios, igual que sus predecesores antiguos. E incluso los fabricantes de coches constatan que los motores del pasado pueden adaptarse para satisfacer las demandas sostenibles del futuro.

Además, la calma de la vida italiana resulta un antídoto contra el ritmo del mundo moderno. En vez de pedir un café y salir corriendo, se fomenta esperar tranquilamente a que la cafetera haga su trabajo. Se recuerda que la elaboración de una comida empieza con una sencilla conversación en el mercado, y que no importa lo que cambie el mundo, los momentos con la familia y los amigos son los que merecen la pena saborear.

De cara al futuro, Italia mantendrá su estilo inimitable. Seguirá preparando café, cortando *pizza,* diseñando prendas y creando arte, porque aquí la buena vida importa. Esta es, en pocas palabras, la magia de vivir a la italiana.

«El nombre de Italia tiene magia en todas sus sílabas».

Mary Shelley

A principios del siglo XIX, la novelista inglesa Mary Shelley quedó fascinada por Italia. Como millones de personas antes y después de ella, encontró la inspiración para crear algunas de sus mejores obras mientras vivía en este país.

En el sentido de las agujas del reloj desde la izquierda Nadando en Cinque Terre; la Piazza Navona de Roma; calle de Roma

ÍNDICE

AGRADECIMIENTOS

DK quiere agradecer a las siguientes personas su contribución a este proyecto: Darius Arya, Simona Balducci, Paolo Besana, Alessandro Boscu, Angela Caputti, Edoardo Celadon, Toni DeBella, Lindsay Gabbard, Ariane Lotti, Valeria Merlini, Alice Pasquini, Graziella Sabatini, Lucy Sara-Kelly, Serena Scoloco, Daniela Storti y Andrea Strafile.

Erica Firpo, asentada en Roma, es redactora de viajes y cultura, además de fundadora de la revista digital y el podcast *Ciao Bella.* Cuando no está descubriendo joyas ocultas de Italia o recorriendo ruinas antiguas, está escribiendo relatos sobre arte, gastronomía e historia. Colabora regularmente con *AFAR, The Washington Post, Conde Nast Traveler, Travel + Leisure* y *The Guardian.*

Alex Sakalis creció entre Grecia y Londres, pero reside en Italia desde hace siete años. Ha visitado las 20 regiones del país y más de la mitad de sus provincias y está decidido a recorrer en bicicleta todos los valles en la cara sur de los Alpes. Es redactor de *Italy Magazine,* donde ha publicado artículos sobre viajes, arquitectura, historia y cultura.

Mary Gray, periodista y editora estadounidense, lleva más de una década informando desde Italia para audiencias anglohablantes. Actualmente es redactora jefe de *Italy Magazine,* ha sido destacada por el periódico italiano *Repubblica* por sus aportaciones sobre Florencia a medios internacionales. Mary también ha escrito sobre literatura para *The Washington Post,* ha dormido en una granja de Apulia por encargo de *Qantas Travel Insider* y, en el apogeo de su carrera, vio cómo sus escritos sobre gastronomía italiana eran elogiados públicamente por el viudo de la cocinera Marcella Hazan.

Liz Shemaria, periodista asentada en Italia, ha publicado artículos para *BBC Travel, AFAR* y *Fodor's.* Además de viajar por las 20 regiones de Italia, su búsqueda de lo desconocido la ha llevado a caminar en solitario por el Himalaya, a recolectar higos chumbos en Apulia y a recitar sutras en el sagrado monte Minobu de Japón.

Laura Rysman, periodista estadounidense asentada en Italia desde hace mucho tiempo. Actualmente reside en Florencia. Colaboradora habitual de *The New York Times* y *Monocle,* suele viajar por Italia en busca de destinos poco conocidos, deliciosas comidas e historias.

Vanessa Mulquiney, asentada en Roma, es escritora y editora de viajes. Fue editora de *Time Out Roma* y su trabajo ha aparecido en publicaciones como *The Telegraph, The Australian, Forbes Travel Guide, Going Places, Tripadvisor* y *Vogue.*

Phoebe Hunt se mudó de Londres a Italia a los 20 años y jamás volvió la vista atrás. Ha cuidado niños, trabajado en un restaurante toscano y posado para cuadros de estilo renacentista, pero actualmente es periodista de viajes. Cuando no está organizando cenas privadas, escribe para *Time Out, Suitcase* y *National Geographic,* y ha sido coautora de varios libros de DK, como *Florence Like a Local.*

Julia Buckley, periodista asentada en Venecia, escribe sobre Italia para varias publicaciones británicas y estadounidenses, entre ellas *Times, CNN* y *National Geographic.* Fue editora de viajes para periódicos británicos y ha colaborado en guías de Italia para DK y Lonely Planet. No hay nada que le guste más que un viaje en coche por la Italia rural o un recorrido en tren de alta velocidad por la península.

CRÉDITOS FOTOGRÁFICOS

La editorial quiere dar las gracias a todos aquellos que han dado su permiso para reproducir sus fotografías:

(Leyenda: a-arriba; b-abajo; c-centro; f-extremo; l-izquierda; r-derecha; t-superior)

4Corners: Antonino Bartuccio 83br; Matteo Carassale 118tr, 131tl; Colin Dutton 104bl; Günter Gräfenhain 201clb; Giuseppe Greco 54clb; Lisa Linder 118br; Frank Lukasseck 140br; Luca Da Ros 134tr; Alessandro Saffo 81tl; Marco Simoni 134tl.

Alamy Stock Photo: Agenzia Sintesi / Fiorani Fabio 109br; AGTravel 76cl; Album / Miramax / Strizzi, Sergio 213tl; Alexblacksea 179tc; Allstar Picture Library Ltd 208-209tc; Associated Press / Anonymous 159; Avpics 171tr; Georg Berg 165tc; BFA / Neon 210tr; Philip Bird 212crb; Stuart Black 123l; Blue Robin Collectables 207; Paolo Bona 198tr; Mario Carovani 121tc; CFphotos 165bc; Cola Images 169tl; Matthew Corrigan 37t; DPA Picture Alliance Archive 197bl; Andrew Duke 40cl;Julian Eales 129tl; © Adam Eastland 184cl; Adam Eastland 183; EmmePi Travel 111tl; 201tr; Ermes.S 170clb; Everett Collection Inc 208br; Eversummer 161t; Andrea Federici 108br; Kirk Fisher 101br; FlixPix 208clb; Andrew Fox 136-137; funkyfood London - Paul Williams 86cb; Rebeca Sendroiu Gilcescu 98cl; Alberto Grosescu 161br; Jacob Halls 124tl; Hemis / Maisant Ludovic 181cra; Hemis / Serrano Anna Courtesy of Zaha Hadid Architects 181bc; Hemis.fr / René Mattes 103bl; Heritage Image Partnership Ltd 175bc; Heritage Image Partnership Ltd / © Fine Art Images 189t; Peter Horree 202-203; Stephen Hughes 99; Image Professionals GmbH / Ingolf Pompe 109tr; Image Professionals GmbH / Sabine Lubenow 196-197tc; incamerastock / ICP 40-41t; Independent Photo Agency Srl 121crb; Wieslaw Jarek 213cra; LaPresse / Gianluca Moggi 201ca; Lifestyle pictures 210br; Alberto Masnovo 48cr; mauritius images GmbH / ClickAlps 52bc; mauritius images GmbH / Steffen Beuthan 54bc; Julie Mayfeng 195; Annapurna Mellor 123cra; Trinity Mirror / Mirrorpix 198br; Motoring Picture Library / National Motor Museum 169c; Francesco Mou 108cl; Sawassakorn Muttapraprut 95tl; Eric Nathan 39; North Wind Picture Archives 37b; Ollirg 81bl; PAINTING 42; Paolo Reda - REDA &CO 87bc; Paolo Reda - REDA &CO / Eddy Buttarelli 180cb; Photo 12 172-173; Pictorial Press Ltd 170bc; Prisma Archivo 194t; Jussi Puikkonen 103tl; Realy Easy Star 34-35, 197br; robertharding / Eleanor Scriven 13cr; Grant Rooney - Palio di Siena Collection 145bc; salla_dinho 87tc; Peter Schickert 164c; Steve Tulley 82tr; United Archives GmbH / IFA Film 210cr; United Archives GmbH / Impress 213bc; Universal Images Group North America Llc / DeAgostini / Dea / M. Leigheb 155tl; Vespasian 150bl; Art Villone 189bc; Sara White 124bl, 170cla; Tim E White 104tl; Wietse Michiels Travel Stock 121clb; World History Archive 40bc; Susan Wright 112-113; Y.Levy 52tl; Konrad Zelazowski 200crb, Zoonar GmbH / Gianfranco Atzei 145cb.

AWL Images: Jon Arnold 2, 126-127; Marco Bottigelli 7; ClickAlps 4-5, 49cr, 56-57; Michele Falzone 133; Hemis 103cra, 155tr; Francesco Iacobelli 33bl, 105tl, 106bc; Maurizio Rellini 217cra; Emilia Romagna 200cb; Catherina Unger 93br.

Bridgeman Images: Sandro Chia (b.1946) / Italian / Christie's Images © Sandro Chia / VAGA at ARS, NY and DACS, London 2024. / © DACS 2024 176, G. Dagli Orti / © NPL - DeA Picture Library 23br, Raffaele Giannetti (1832-1916) / Italian 192-193; © NPL - DeA Picture Library 26br.

Depositphotos Inc: MaykovNikita Magis S.r.l. 178t.

Dreamstime.com: Anastasiya Alforova 10; Grazziela Bursuc 98br; Sebastiano Leggio 141tl; Rndmst 139tl; Francesca Sciarra 139bl; Vividaphoto 73cra; Vladimir Yudin 78ca.

Getty Images: AFP / Gabriel Bouys 141br, 162tl; Richard Sellers / Allstar 150-151t; Contour RA / Daniel Dorsa 177tl; Corbis Documentary / Atlantide Phototravel 15; Corbis Documentary / Vanni Archive 31tl; DigitalVision / Gary Yeowell 13t; DigitalVision / Henrik Sorensen 118cl; DigitalVision / Solskin 98tr, 117; DigitalVision / Thomas Barwick 86cr, 166-167, Gamma-Rapho / Victor Virgile 160br; Hulton Archive / Print Collector / CM Dixon 26cl, Hulton Archive / Umberto Cicconi 214-215; Hulton Fine Art Collection / Fine Art Images / Heritage Images 44-45, imageBROKER / Moritz Wolf 31tr; LightRocket / Marco Cantile 205; Moment / Francesco Riccardo Iacomino 18, 101tr; Moment / IanZ 29; Moment / mikroman6 16clb; Moment / Sergio Amiti 81cr; Moment / Simone Celeste 63b; Mondadori Portfolio 120cb; Mondadori Portfolio / Archivio Marilla Sicilia / Marilla Sicilia 142tr; Roger Viollet Collection 204clb; Sygma / william karel 208tl; Universal Images Group / Universal History Archive 150cl; Daniele Venturelli 144crb.

Getty Images / iStock: Antiqueimgnet 85tc; Azoor Photo Collection 175tl; Bitter 46ca, 152ca, 211tc; Yujie Chen 12; ChiccoDodiFC 84tr; Seb Coman 82-83tc; Danielkrol 165cla; DigitalVision / Ableimages 97; DigitalVision Vectors / Clu 119tc; DigitalVision Vectors / GeorgePeters 107tc; DigitalVision Vectors / ilbusca 19tc; DigitalVision Vectors / Ivan-96 163tc; E+ / 4FR 48cl, E+ / deimagine 134bc; E+ / DieterMeyrl 13bc, E+ / FilippoBacci 88-89, E+ / franckreporter 68tr; E+ / katleho Seisa 92tr; E+ / MStudioImages 95tr; E+ / Neyya 145tl; E+ / NicolasMcComber 124crb; E+ / Oleh_Slobodeniuk 217l; E+ / Pekic

123br; encrier 68tl; fatos pur 139cr; FilippoBacci 63t; Flory 23bl; Georgeclerk 170-171t; Ilyalisse 145cra; JayBoivin 76tl; JonaVer 20; Karisssa 87ca; Kluva 199tc; Darko Lazarevic 25; lightkitegirl 71tc; Avril Morgan 17tl; mr-fox 54tr; mushroomstore 55tc; Victoria Oliynyk 114ca; PauloResende 26tr; piola666 111cr; Sophie Rabian 21cr; Fausto Riolo 27crb; SalvoV 32c; Spirins 60br; Terriana 143tc; Tunart 217br; unknown1861 64-65.

Shutterstock.com: AnSuArt 186ca; Betacam-SP 43tc; Anastasia Bielokon 190-191bc; Kristi Blokhin 91; Carolina2009 30-31b; Jon Chica 40tl; ChiccoDodiFC 73tl; Collection Maykova 75; © Michelangelo Pistoletto / Courtesy of the artist and Luhring Augustine, New York 175cr; Addolorata D'Onofrio 70tl; fansquaresss 131cr; Jelena990 191t; Marija Krcadinac 131b; David A Litman 164crb; Massimo1g Calatrava Valls Santiago / © DACS 2024 184c; MC Mediastudio Bosco Verticale projected by Boeri Studio 184tl; Dima Moroz 76-77t; Morphart Creation 10ca; Moving Moment 103br; MyVideoimage 72c; Alexandre Rotenberg 124-125t; Marco Rubino Quinn Lorenzo / © DACS 2024 181tc; ValerioMei 33ca; Henk Vrieselaar 111bl; wyemji 73bl; zedspider 49bl.

Unsplash: Bjorn Agerbeek 8, Elisaveta Bunduche 72br; Marco Calignano 156-157, Louis Charron Koolhaas Rem / © OMA / © DACS 2024 180cr; Rémi Jacquaint 149, Jerry Kavan 129br, Thijs Kennis 49tl, Klemens Köpfle 190tl; Andreea Măhălean 106tr; Ellena McGuinness 58; Gonzalo Mendiola 17tr; Oriel Mizrahi / @orielmiz 130; Giuseppe Mondì 67; Tamal Mukhopadhyay 21bl; Ovidiu 61; Davide Pirotta 68-69b; reisetopia 33tr; Viviana Rishe 59br; Giordano Rosson 60tr; Anton Shcherbakov 21tl; Sir. Simo 70tr; Peter Thomas 52-53t; Ruth Troughton 146-147; Will Truettner 51; Benjamin Voros 60cl.

Imágenes de cubierta: *delantera:* **Dreamstime.com:** Vladimir Yudin tr; **Getty Images / iStock:** Bitter bl, tl, Victoria Oliynyk ftr; **Shutterstock.com:** AnSuArt br, Morphart Creation ftl; *trasera:* **Dreamstime.com:** Vladimir Yudin tr; **Getty Images / iStock:** Bitter tl, bl, Victoria Oliynyk ftr; **Shutterstock.com:** AnSuArt br, Morphart Creation ftl.

MIXTO
Papel | Apoyando la silvicultura responsable
FSC™ C018179

Este libro se ha fabricado con papel certificado por el Forest Stewardship Council™ como parte del compromiso de DK por un futuro sostenible.
Para más información, visita la página www.dk.com/uk/information/sustainability

Nota de la editorial
Se han hecho todos los esfuerzos para que este libro esté lo más actualizado posible a fecha de su publicación. Sin embargo, algunos datos, como números de teléfono, horarios, precios e información práctica, pueden sufrir cambios. Valoramos mucho las opiniones y sugerencias de nuestros lectores.
Por favor escriba al correo electrónico: travelguides@dk.com

Edición sénior Zoë Rutland
Edición Alex Pathe
Diseño de proyecto Sarah Pyke
Diseño Cristina Antequera
Documentación fotográfica Marta Bescos
Cartografía James Macdonald
Ilustración de cubierta e ilustraciones Beth Mathews
Retoque de imágenes Michelle Brier
Producción sénior Samantha Cross, Tony Phipps
Edición de arte sénior Gemma Doyle
Responsable editorial Hollie Teague
Dirección de arte Maxine Pedliham
Dirección editorial Georgina Dee

De la edición en español

Coordinación editorial Cristina Gómez de las Cortinas
Coordinación de proyecto Eduard Sepúlveda
Dirección editorial Elsa Vicente

Publicado originalmente en Gran Bretaña en 2025
por Dorling Kindersley Limited
DK, 20 Vauxhall Bridge Road,
London SW1V 2SA, UK

Título original: *The Italian Way*
Primera edición, 2026

Servicios editoriales: Moonbook
Traducción: Montserrat Nieto Sánchez

ISBN: 979-8-2171-3545-5

Impreso y encuadernado en China

www.dkespañol.com